DAS CHAOS BEHERRSCHEN

DAS CHAOS BEHERRSCHEN

WERDE MEISTER DES CHAOS

MEINE GESCHICHTE

BY

KURT GASSNER

Das Chaos beherrschen
Kurt Gassner

First Edition, 2022

Impressum
My-mindguide – The publishing trademarke of trendguide Capital GmbH, Klenzestr. 42a, 80469 Munich, Germany.

Reg. Nr. HRB Munich 206639, VAT 152 123 159, CEO: Kurt Friedrich Gassner
Web: www.my-mindguide.com, mail: gassner@my-mindguide.com

Paperback ISBN: 978-3-949978-39-5
Ebook ISBN: 978-3-949978-41-8
Hardback ISBN: 978-3-949978-40-1

INHALTSVERZEICHNIS

Zeit zum Neudenken

Liebe Leserinnen und Leser,

Ich freue mich ganz besonders darüber, dass du dich für dieses Buch entschieden hast, da es das Ergebnis zahlreicher Hochs und Tiefs auf der Achterbahn des Lebens ist. Während du durch die folgenden Seiten blätterst, wirst du als lebendiges Beispiel für das Thema Chaos-Bewältigung auch Teile meiner eigenen Geschichte kennen lernen. Sie mag als Illustration für einen Weg dienen, der mit Herausforderungen gepflastert war. Gleichzeitig erkenne ich an, dass es noch viel leuchtendere Beispiele gibt über die ich auch in diesem Buch berichten werde.

Deine Entscheidung für dieses Buch beruht vermutlich nicht nur auf reinem Interesse am Thema, sondern auch auf ganz persönlichen Erfahrungen, die dir nur allzu vertraut sind: *das Chaos des Lebens*

Die meisten von uns hatten im Laufe ihres Lebens bereits mit schweren Herausforderungen zu kämpfen. Wir befanden uns dabei oft am Scheideweg, vielleicht befindest du dich augenblicklich an genau einem solchen Punkt?

Es hat mich einige Überwindung gekostet, dieses Buch zu verfassen. Warum?

Das Nachspüren des eigenen Lebensweges war teils schmerzlich. Aber es liegt mir am Herzen, dir eines klarzumachen: ganz egal wie tief das Tal ist, das du gerade durchschreitest, es warten neue Höhen auf deinem Lebensweg!

Das Dunkel wird weichen und das Licht wird sich Bahn brechen. Zur ganzen Wahrheit gehört jedoch auch, dass all jene chaotischen Veränderungen Teil des Lebens sind. Auch, wenn du bereits einen Plan für deine Zukunft und den Schlüssel zum Glück zu haben glaubst, können jederzeit unerwartet dunkle Wolken aufziehen und es gibt kaum etwas, um sich dem zu entziehen. Veränderung ist unvermeidlich und nur allzu oft entzieht sich diese deiner Kontrolle. Ich möchte dir aufzeigen, warum der Weg zum Ziel häufig mit Hürden gespickt ist und weshalb vermeintlich bequeme Abkürzungen sich oftmals als Sackgassen entpuppen. Tatsächlich ist das erfolgreiche Erreichen deines Ziels nicht einmal gleichbedeutend mit dem Ende deines Kampfes. Du solltest deshalb das Unerwartete erwarten - nur so wirst du ein Meister der Veränderung!

Ich hoffe von ganzem Herzen, dass du nach der Lektüre dieses Buches das Leben aus einer neuen Perspektive siehst. Und ich wünsche mir ebenso sehr, dass meine Geschichte dich jenseits aller gedruckten Worte zu berühren vermag.

Cycle of Life

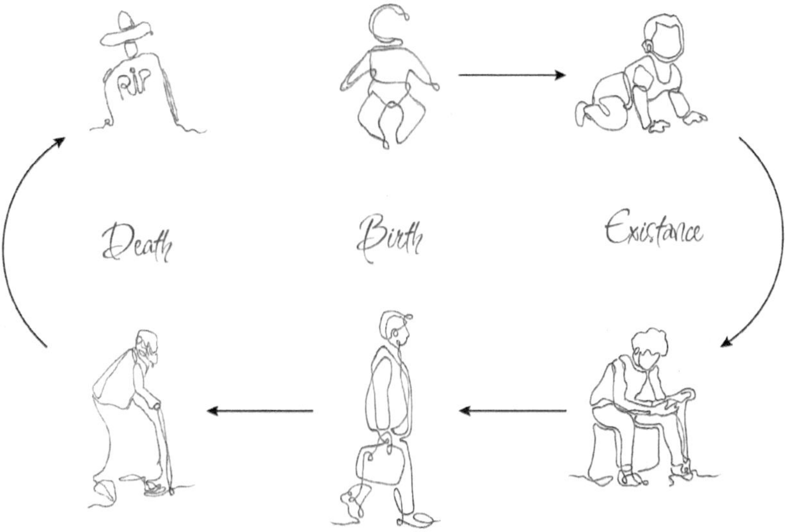

RIP

Death

Birth

Existance

Teil Eins

EINE KLEINE EINFÜHRUNG IN DEN PROZESS DER VERÄNDERUNG

Man sagt, dass Veränderung die einzige Konstante im Leben sei. Doch warum zerbrechen wir uns ständig den Kopf über all diese Veränderungen, wenn diese Erkenntnis ein allgemein akzeptierter Konsens ist? Diese Frage mag zwar rhetorischer Natur sein, aber vermutlich hast auch du sie dir bereits gestellt oder hast sogar mehr oder weniger bewusst eine Antwort darauf gefunden. Ich bin folgender Ansicht: Nur weil etwas für normal gehalten wird, heißt das nicht zwangsläufig, dass es einfach zu akzeptieren ist.

Und: allgemeiner Konsens über eine Frage sollte nicht bedeuten, dass du deren Antwort emotional leicht verarbeiten kannst. Der Tod kann zum Beispiel als gerechter Reset empfunden werden, weil er die ultimative Form der Veränderung für uns bedeutet. Genau genommen ist der Tod nicht nur die finale Wegmarke des physischen Lebens, sondern ausnahmslos für jeden unvermeidlich.

GEBURT → Dasein → TOD

Und so stellt sich die Frage: Wenn doch der Tod die ultimative Wahrheit bedeutet, warum trauern wir dann um die Toten? Oder sollte uns diese Lebenswirklichkeit kalt lassen, nur weil sie unvermeidlich ist? Natürlich nicht! Die Wahrheit kann und darf wehtun. Der Umstand, dass es nicht negierbare Wahrheiten im Leben gibt, bedeutet eben *nicht*, dass uns diese nicht berühren sollten.

Wir müssen aber auch all jene in unsere Überlegungen miteinbeziehen, die nicht glauben, dass das physische Ableben das Ende des Weges bedeutet. Auch ich bin der Überzeugung, dass unser physischer Körper lediglich eine Facette unserer Existenz verkörpert. In diesem Sinne bedeutet der biologische Tod also nicht das Ende, sondern nur einen weiteren Meilenstein auf unserem spirituellen Weg.

Die Geburt eines Kindes löst oft Freude, Glück und weitere positive Emotionen aus, so sagt man. Stirbt dieser Mensch, ob früh oder im hohen Alter, so kehrt sich das um - Trauer und eine depressive Stimmung bleiben zurück. Ein Grund dafür besteht darin, dass wir den Tod oft als ungerecht empfinden, obgleich es natürlich unvermeidlich ist, dass das Leben eines Menschen zu Ende geht.

Manche stellen deshalb gar den Sinn des Lebens an sich in Frage, da das Ende ja bereits vorweggenommen scheint. Oft sind es die gleichen Menschen, die sich krampfhaft bemühen, dem ganzen Lebenszyklus einen tieferen, höheren Sinn zu verleihen. Einige davon akzeptieren dessen physisches Ende als traurige Tatsache, während andere auf ewig mit dieser Akzeptanz hadern.

Im Grunde genommen betrauern die Menschen ihre Toten jedoch nicht deshalb, weil sie den Tod nicht akzeptieren können, ihr Herz schmerzt. Die tiefe Bindung zum Verstorbenen ist nun unterbrochen, der Mensch fehlt einem. Natürlich werden auch die Umstände des Ablebens oft als ungerecht empfunden, was den Schmerz nur verstärkt. Nicht loslassen zu können kann die Akzeptanz von Unvermeidlichem erschweren und das Gefühl der Ohnmacht noch zusätzlich intensivieren. Dies kann dazu führen, dass wir unsere frühere Akzeptanz des Todes als ultimative Wahrheit nun in Frage stellen, weil wir tief verletzt sind, oder sich Trauer um den Verstorbenen gar mit Selbstmitleid vermischt.

Der Tod bedeutet eine oft abrupte Veränderung, an die wir uns anpassen müssen.

Je eher wir mit dieser Wahrheit unseren Frieden machen, desto gesünder ist dies für unser Leben und das unserer Mitmenschen.

Veränderungen werden oft als reine Theorie akzeptiert, doch die Praxis stellt sich dann anders dar. Ich erkenne zum Beispiel an, dass Veränderungen ein natürlicher Bestandteil des Lebens sind, ob abrupt eintretend oder nicht.

Nicht jedem gelingt dies in der Praxis.

Das Unvermögen Veränderung positiv zu akzeptieren zeigt sich schon an diesem Beispiel aus der Schulwelt: Ein strebsamer Schüler ist es gewohnt, Klassenbester zu sein. Schließlich war das immer so und soll deshalb auch bis zum Schulabschluss so bleiben. Doch urplötzlich, im letzten Schuljahr, nur wenige Monate vor dem Abschluss, kommt ein Austauschschüler in die Klasse. Trotz der Umstellung wird der Neuankömmling innerhalb kürzester Zeit zum Klassenprimus. Der bisherige Klassenbeste wird kalt überrascht - nicht etwa, weil er so etwas für unmöglich hielt, sondern weil er dies als rein theoretisches, nicht greifbares Szenario wahrnahm. Der Schock über den Statusverlust ist genau deshalb groß. Dies war eine Veränderung, die niemand kommen sah. Kein Problem hingegen für den Neuankömmling, schließlich lief aus seiner Perspektive heraus alles fantastisch.

An diesem Punkt wird es interessant. Wie nimmt der bisherige Klassenprimus die neue Situation an? Obwohl der zweite Platz natürlich großartig ist und auch nicht ausschlaggebend dafür ist, wie das spätere Leben verlaufen wird, alarmiert ihn die Tatsache, dass er im Status gefallen ist - ein Gefühl der Angreifbarkeit macht sich breit. Auch wenn er also rein theoretisch weiß, dass Veränderungen die einzige Konstante im Leben ist, fällt es ihm nicht leicht, diese bittere Pille zu schlucken.

Es scheint nur natürlich, dass so etwas negative Emotionen auslöst, welche die vermeintliche Balance in unserem Leben stört.. Es erfordert in der Regel eine Menge Arbeit, um das, was wir als Bedrohung empfinden, zu bewältigen oder in etwas Positives zu verwandeln. In Anlehnung an das obige Szenario wäre es falsch, wenn der frühere Klassenprimus mit Spicken oder Sabotage des Konkurrenten beginnen würde, um seinen bisherigen Status zurückzuerlangen. Eine solche Form der Bewältigung wäre destruktiver Natur. Akzeptiert er hingegen, dass sein früherer Status kein Geburtsrecht oder Titel war, der ihm allein zusteht, kann er die Dinge ins Positive verkehren. Findet er sich also mit der Tatsache ab, dass sein Status innerhalb der Klasse ihn nicht als Menschen definiert, kann er die neuen Umstände akzeptieren und daraus positive Energie ziehen. Vielleicht sogar für eine Optimierung der eigenen Leistungen zur Wiedererlangung des Status als Nummer 1, oder auch indem er völlig neue Qualitäten in sich entdeckt und diese entwickelt.

In diesem Fall würde das bedeuten, dass er die Veränderung nicht nur in der Theorie, sondern auch in der Realität akzeptiert hat. Er beschließt nun, aus dem, was schlecht zu sein schien, Motivation zu schöpfen. Statt zu schmollen, macht er sich daran, an seinem Schmerz zu wachsen. Indem er sich seinen Schmerz eingesteht und sich klarmacht, dass Veränderungen unangenehm sein können, kann er Großes erreichen. Er steht also vor folgender Wahl: Die Situation konstruktiv verarbeiten und zu neuen Erfolgen zu gelangen, oder einen destruktiven Weg voller negativer Emotionen einzuschlagen.

Veränderungen können sich in jedem Bereich auswirken:

- im persönlichen Bereich,
- im Berufsleben
- innerhalb des sozialen Miteinanders

CHAOTISCHE VERÄNDERUNGEN IN VERSCHIEDENEN LEBENSBEREICHEN

Der persönliche Bereich

Das Leben unterliegt einem stetigen Wandel und stellt uns permanent vor Herausforderungen, die sowohl positiver als auch negativer Art sind. Veränderungen im Privatleben, wie z.B. durch eine Trennung, familiäre Schwierigkeiten oder gesundheitliche Probleme, können einen erheblichen Einfluss auf unser Leben haben und enorm schwer zu bewältigen sein.

Eine Trennung etwa kann eine der schwierigsten persönlichen Veränderungen bedeuten, die ein Mensch erlebt. Sie geht meist mit Gefühlen der Ablehnung, Einsamkeit und Trauer einher - nicht selten sogar mit Depressionen. Das Ende einer Beziehung kann zudem ein Gefühl des Identitätsverlusts hervorrufen. Der Prozess der seelischen Heilung und der Verarbeitung einer Trennung kann viel Zeit in Anspruch nehmen, deshalb ist es umso wichtiger, dass du dir gestattest, traurig zu sein und dir in einer solchen Phase die moralische Unterstützung deiner Lieben einholst.

Auch familiäre Probleme können uns Stress und Unbehagen bereiten, da auch sie den Status Quo verändern. Konflikte innerhalb einer Familie oder zwischen Familienmitgliedern können zahlreiche Ursachen haben, z. B. finanzielle Probleme, Kommunikationsbarrieren oder unterschiedliche Wertvorstellungen. Diese Konflikte, die mitunter auch zu direkten Konfrontationen führen, können zu Wut, Frustration und Hilflosigkeit führen. Solltest Du selbst nach der Lektüre diese Buches keine Lösung finden so hilft ganz sicher die Perspektive eines Außenstehenden. Es kann, aber muss nicht immer ein professioneller Therapeut sein.

Gesundheitsprobleme, bzw. Veränderungen des Gesundheitszustands, haben ebenfalls die Macht, unser Leben auf chaotische Weise zu verkomplizieren. Chronische Beschwerden, wie Herzkrankheiten oder Krebs bedeuten besonders einschneidende Veränderungen in der Lebensweise des Betroffenen und eine Neujustierung des Lebenswandels. Dies geht üblicherweise mit einer Umstellung durch eine angepasste Ernährung, neue Medikamente, strikte Behandlungspläne und anderen Faktoren einher. Damit stellen sich oft Frustration, Hoffnungslosigkeit und Depressionen ein. In dieser schwierigen Zeit ist es elementar, dass du Unterstützung annimmst, wo immer du sie bekommen kannst.

Selbsthilfegruppen sind hier ein guter Weg. Akzeptiere die Diagnose aber nicht immer die Prognose. Beschäftige dich proaktiv mit der Heilung. Nur so kannst du die Situation beherrschen lernen und oft scheinbar Unmögliches erreichen.

In all diesen Fällen ist also eine bewusste Selbstfürsorge, sowohl körperlich als auch seelisch, entscheidend, um jene Herausforderungen zu meistern, die uns das Chaos abverlangt. Sport, Meditation oder eine Therapie können hierbei besonders wirkungsvoll sein.

Bei all dem sollten wir uns stets vergegenwärtigen, dass persönliche Veränderungen schlicht zum Leben dazugehören und dass sie letztendlich zu persönlichem Wachstum und damit auch zur Identitätsbildung beitragen.

Eine Trennung kann etwa bedeuten, dass du einen passenderen Partner findest, den du innerhalb der Beziehung nie gesucht hättest. Sicher, eine Trennung kann eine schwierige Erfahrung bedeuten, aber sie kann auch eine Chance für persönliches Wachstum und Selbstfindung bieten. Du kannst aus den Fehlern lernen, die innerhalb der zerbrochenen Beziehung begangen wurden und sie als Gelegenheit begreifen, eigene Bedürfnisse und Wünsche in Bezug auf einen neuen Partner zu entdecken. Mehr Selbstliebe kann eine weitere positive Folge sein, die zukünftige Beziehungen gewiss verbessert.

Familienstreitigkeiten können zu einer verbesserten Kommunikation zwischen den Beteiligten und nachfolgend zu einem besseren Verständnis führen.

Ebenso können familiäre Probleme zu einem besseren Verständnis der zwischenmenschlichen Dynamiken innerhalb der Familie führen und dem Einzelnen helfen, bessere Kommunikationsfähigkeiten zu entwickeln. Die Bedeutung der Familie und die Notwendigkeit gesunder Grenzen schätzen zu lernen, wäre eine solche positive Veränderung. Dies kann selbst bei engen Familienmitgliedern und geliebten Menschen, von denen viele von uns glauben, dass sie keine Grenzen brauchen, hilfreich sein.

Zu guter Letzt solltest du dich darin üben, jeglichen Ballast loszulassen, der nicht deiner Kontrolle unterliegt und/oder nicht mit deinen Werten übereinstimmt.

Ja, sogar gesundheitliche Probleme haben die Macht, Positives zu bewirken: sie können zu einer größeren Wertschätzung des Lebens und zu einer bewussteren Selbstfürsorge führen.

Gesundheitliche Probleme können uns lehren, anders mit einer Krankheit umzugehen und den Lebensstil zu ändern. Dies kann die allgemeine Gesundheit verbessern und möglicherweise die Prognoese verändern. Dabei sollten wir besonders im Hinterkopf behalten, dass die meisten Gesundheitsprobleme durch einen Lebensstil verursacht werden, der unseren physischen Bedürfnissen nicht gerecht wird. Deshalb ist es essenziell, herauszufinden, was dein Körper wirklich braucht und auf dessen Signale zu hören, um die allgemeine Gesundheit zu verbessern.

All das funktioniert aber nur dann, wenn du alte Muster durchbrichst, die ins jetzige Chaos geführt haben. Hierfür musst du dich selbst analysieren und neu erfinden. Leider sind die meisten von uns in einem ewigen Kreislauf immer gleicher Muster gefangen, die neue, positive Resultate unmöglich machen.

Auch wenn derartige Veränderungen schwer zu bewältigen sind, können wir also eine Menge positiver Energie aus ihnen ziehen.

Veränderungen des Berufslebens

Berufliche Veränderungen können vielfältig auftreten, eine der häufigsten ist der Verlust des Arbeitsplatzes oder eine Krise des eigenen Unternehmens. Dies resultiert normalerweise aus Veränderungen der wirtschaftlichen Gegebenheiten.

Bei dem eigenen Jobverlust etwa, ist es nicht ungewöhnlich, dass Stress aufkommt, der sich in der Folge auf andere Bereiche des Lebens überträgt. Schließlich bewirkt eine solche Situation oft ein Gefühl von Unsicherheit und Ungewissheit über die eigene Zukunft.

Nehmen wir an, ein Unternehmen fusioniert und die Beschäftigten des übernommenen Unternehmens werden im Rahmen der Umstrukturierung entlassen. Diese Beschäftigten haben vielleicht schon lange im Unternehmen gearbeitet und sind sehr mit ihrem Arbeitsplatz verbunden, sodass diese Veränderung besonders einschneidend wirkt. Dies wird noch zusätzlich verstärkt, wenn die Kündigung unerwartet vollzogen wird.

Eine negative Facette der beruflichen Veränderung ist auch die Degradierung. Wird ein Arbeitnehmer innerhalb seines Unternehmens von einer höheren auf eine niedrigere Position versetzt, liegt ein solcher Fall vor. Schlechte Leistungen, organisatorische Umstrukturierungen oder Änderungen in der Geschäftsstrategie des Unternehmens können Gründe für eine solche Entscheidung gewesen sein. Dies bedeutet oft eine enorme Herausforderung, da es als Rückschlag in der eigenen Karriere empfunden wird. Bleibt man dennoch in derselben Abteilung tätig, kommen oft Gefühle der Demütigung oder Versagensängste auf. Ein Beispiel: Ein Vertriebsleiter wird aufgrund schlechter Zahlen zum einfachen Handelsvertreter degradiert. Ein solcher Rückschritt bedeutet vielleicht sogar, dass man nun jemandem unterstellt ist, dessen Vorgesetzter man bisher war, was viele als erniedrigend empfinden.

Eine berufliche Veränderung ist etwas anders gelagert. Ein solcher Fall liegt vor, wenn der Betroffene aus freien Stücken entscheidet, einen neuen Weg einzuschlagen. Dies bedeutet jedoch auch, in einem bestimmten Bereich ganz von vorne anfangen müssen und unter Umständen eine zusätzliche Ausbildung oder Schulung zu benötigen. Vielleicht ist auch erheblich mehr Energieaufwand vonnöten, um mit anderen, die schon seit Jahren in dem neuen Bereich tätig sind, mitzuhalten. Für diese wiederum bedeutet ein neuer Kollege, respektive Konkurrent, ebenfalls eine Herausforderung.

Halten wir fest: Ob Arbeitsplatzverlust, Stellenabbau, Degradierung oder Karrierewechsel - es ist nicht ungewöhnlich, dass man sich in einer solchen Situation unsicher oder ängstlich fühlt. Schließlich steht man vor dem Ungewissen, richtig?

Du kannst jedoch auf solche Fälle ein Stück weit mental vorbereitet sein und auf derartige Veränderungen besser reagieren, sobald sie eintreten.

Veränderungen im sozialen Miteinander

Zweifellos gibt es eine große Vielfalt an gesellschaftlichen Veränderungen, die alle einen großen Einfluss auf unser Leben haben können. Eine der bedeutendsten Veränderungen, die in letzter Zeit stattgefunden hat, war die Covid-19-Pandemie, die uns alle auf globaler Ebene betraf. Eine solche Pandemie kann eine Vielzahl von Auswirkungen auf Einzelne, ganze Gemeinschaften und die Wirtschaft entwickeln. Krankheit, Tod und Beeinträchtigungen des täglichen Lebens sind die direkte Folge daraus gewesen, z. B. durch Schulschließungen, Reisebeschränkungen, Veränderungen des Arbeitslebens und im sozialen Miteinander. Die Covid-19-Pandemie hat sich in den letzten Jahren stark auf die Weltwirtschaft ausgewirkt und zu einem weit verbreiteten Verlust von Arbeitsplätzen, einem wirtschaftlichen Abschwung und einer hohen Inflation geführt.

Auch Krieg verändert unser gesellschaftliches Leben, wie wir derzeit leider wieder sehen. Verheerende Auswirkungen auf Einzelne, Gemeinschaften und ganze Nationen sind hier die Folge. Der Verlust von Menschenleben und die Vertreibung, sowie erhebliche Schäden an der Infrastruktur und der Wirtschaft resultieren daraus und stellen die Menschen vor tiefgreifende Veränderungen. Krieg kann aber auch langfristige Auswirkungen auf die psychische und physische Gesundheit haben und zu anhaltenden Problemen wie Armut und politischer Instabilität führen. Der andauernde Krieg in der Ukraine ist ein anschauliches Beispiel für all diese genannten Entwicklungen.

Wirtschaftliche Veränderungen können ebenso erhebliche Auswirkungen auf die Gesellschaft haben. Eine Rezession kann etwa zu einem flächendeckenden Verlust von Arbeitsplätzen und finanzieller Unsicherheit für beinahe alle führen. Die Finanzkrise von 2008 ist ein Paradebeispiel dafür, wie eine Rezession die Weltwirtschaft erheblich beeinträchtigen kann. Diese Krise führte zu Arbeitsplatzverlusten, Zwangsvollstreckungen und wirtschaftlichen Einbrüchen auf der ganzen Welt. Die Auswirkungen hielten auch noch mehrere Jahre nach dem vermeintlichen Ende der Krise an.

Darüber hinaus ist natürlich der Klimawandel ein weiterer gesellschaftlicher Umbruch, der sich auf die Welt als Ganzes auswirkt. Der Klimawandel führt zu extremen Wetterereignissen, einem Anstieg des Meeresspiegels und Veränderungen in den Temperatur- und Niederschlagsmustern. Diese Veränderungen können erhebliche Auswirkungen auf Einzelne, Gemeinschaften und auf ganze Volkswirtschaften haben. Wie bei anderen Veränderungen auch, können auch hier körperliche und mentale Konsequenzen das Leben der Menschen massiv beeinträchtigen.

Ein weiterer gesellschaftlicher Wandel, der oft ignoriert wird, aber dennoch erhebliche Auswirkungen auf die Menschen hat, ist ein politischer Wandel. Dazu gehören Änderungen der Regierungspolitik, der Gesetze oder der politischen Führung, die das Leben der Menschen stark beeinflussen können. Damit einhergehende Änderungen im Gesundheitssystem oder in der Bildungsfinanzierung etwa können sich zum Beispiel auf unser tägliches Leben auswirken und uns dazu zwingen, uns an eine sich ständig verändernde Gesellschaft anzupassen.

Gesellschaftliche Veränderungen können also in vielen Facetten auftreten und unser Leben stark beeinflussen. Pandemien, Kriege, wirtschaftliche Veränderungen, Klimawandel und politische Veränderungen sind allesamt Beispiele dafür. Umso wichtiger ist es deshalb, allein oder auch im Verbund, vorbereitet zu sein und Pläne zu haben, wie man mit solchen Krisen umgeht. Hätten wir uns rechtzeitig auf die Covid-19-Pandemie vorbereitet, wäre diese möglicherweise mit geringeren Auswirkungen auf das Leben der Menschen verlaufen.

Wie immer gilt: Veränderung kann in beiden Dimensionen erfolgen - positiv wie negativ. Obwohl die Veränderungen diametral entgegengesetzt sind werde ich hier aufzeigen, dass die emotionalen Auswirkungen oft gar nicht so verschieden sind:

POSITIVE VERÄNDERUNG

Veränderungen müssen uns nicht immer kalt erwischen und mit negativen Auswirkungen einhergehen. Natürlich gibt es auch solche, die uns nur allzu willkommen sind. Diese Art von Veränderung wird als positiv wahrgenommen. Würdest du eine unerwartete Beförderung nicht positiv empfinden? Natürlich! Eine Aufwertung des Status, ein Gewinn an verfügbarem Einkommen und andere Begleiterscheinungen, stimmen uns glücklich.

Doch was wäre, wenn eine Aktie, in die du investiert hast, von dem Tag an, an dem du sie gekauft hast, nur im Wert gesunken wäre, aber dann schlagartig im Wert steigt und dich zehnmal reicher macht, als du jemals zuvor warst? Eine solche Veränderung würde aufgrund der anfänglich negativen Entwicklung umso euphorischer wahrgenommen.

Anders gesagt: Gegen positive Veränderungen sträubt sich niemand - schließlich profitieren wir von ihnen.

Doch auch positive Veränderungen können direkte Folgen und indirekte Nebenwirkungen haben, die letztlich eine andere Dynamik entwickeln. Und umgekehrt! Negatives kann also positive Wirkung entfalten und positive Veränderung negativer wirken, als zunächst angenommen.

Positive Veränderungen verbreiten also nicht selten, wenigstens gefühlt, Chaos in unserem Leben. Entscheidend dabei ist in der Regel die Schwere und Langlebigkeit der Auswirkungen. Darüber hinaus bringen positive Veränderungen auch eine Reihe von Herausforderungen mit sich, vor allem wenn sie Unsicherheiten mit sich bringen, unsere Routine und Gewohnheiten unterbrechen, unsere Beziehungen belasten, neue Herausforderungen und Verantwortlichkeiten hervorrufen und unsere mentale und körperliche Gesundheit beeinträchtigen. Es kann einige Zeit vergehen, bis wir sie verarbeiten, uns mit ihnen arrangieren und dann dazu übergehen, sie zu akzeptieren und mit ihnen zu leben.

Positive Veränderungen können also durchaus Stressverursacher sein, denn schließlich erfordern auch sie eine Anpassung, was vielen Angst bereitet. Eine Beförderung bei der Arbeit kann zum Beispiel besonders aufregend sein, doch neue Aufgaben und Erwartungen bedeuten eben auch neue Herausforderungen.

Natürlich können positive Veränderungen auch Stress verursachen, weil sie unsere gewohnten Routinen und Gewohnheiten durcheinander bringen. Nehmen wir das Beispiel Heirat - eine wunderbare Erfahrung im Leben eines Menschen, nicht? Und doch zwingt sie uns, unsere Sichtweisen, Routinen, Kommunikationsstrategien und vieles mehr neu anzupassen, damit wir unserer neuen Rolle als Ehepartner gerecht werden können. Auch wenn Liebe und Glück im Mittelpunkt dieser

Veränderung stehen, gibt es dennoch Schwierigkeiten und Hindernisse, die eine positive Veränderung manchmal zu einer Herausforderung werden lassen.

Jegliche positiver Veränderung kann selbstredend auch unsere zwischenmenschlichen Beziehungen belasten. Wenn sich unser Leben verändert, kann es schwierig werden, das gleiche Maß an Verbundenheit und Intimität mit den Menschen um uns herum aufrechtzuerhalten. Wenn wir zum Beispiel einen neuen Job beginnen oder erneut zur Uni gehen, kann das viel Zeit und Energie kosten, die am Ende des Tages unserem Sozialleben fehlt. Gehen wir mit einer solchen Veränderung positiv um, werden wir aber lernen, uns mehr um unsere Beziehungen zu bemühen und/oder andere Wege zu finden, um Bindungen aufrechtzuerhalten - auch dann, wenn sich die zeitlichen Voraussetzungen verändert haben sollten.

Ein weiteres Beispiel für positive Veränderung ist die Geburt eines Kindes. Eltern zu werden kann unendlich viel Freude und Befriedigung mit sich bringen, aber auch eine Menge Arbeit und Verantwortung bedeuten. Es ist eben nicht einfach, sich um ein Kind zu kümmern und gleichzeitig zu lernen, wie du die Beziehung zu deinem Partner mit dieser neuen Verantwortung in Einklang bringen kannst. Streitereien, schlaflose Nächte oder unerwartete Ereignisse werden mit diesem neuen Lebensabschnitt einhergehen. Während du also vielleicht noch herausfindest, wie du deine neue Rolle als Elternteil und als Partner unter einen Hut bringen kannst, könnte etwas eintreten, das in der Soziologie als “Rollenüberlastung” bezeichnet wird. Neue Erwartungen bedeuten besonders dann Stress, wenn man plötzlich mehrere Rollen im Leben gleichzeitig erfüllen muss (z. B. die Rolle eines Elternteils und eines Geschäftsinhabers).[1]

Ein hohes Stresslevel macht es schwer, eine gesunde Balance und einen nachhaltigen Lebensstil aufrechtzuerhalten. In solchen Fällen neigen wir dazu, unsere körperliche und geistige Gesundheit zu belasten, indem etwa, indem wir weniger schlafen oder Sport treiben oder Mahlzeiten auslassen.

Zum besseren Verständnis möchte ich dies auch an einem Beispiel erläutern: Die Geburt eines Babys in einer bisher dreiköpfigen Familie. Maria, als Erstgeborene, sieht sich nun mit neuen Bedingungen konfrontiert. Auch in diesem Fall kommt das Kleine nicht völlig unerwartet, doch die eintretende Realität unterscheidet sich schließlich doch von der vorab antizipierten Theorie. Sowohl für die Eltern, als auch für Maria:

I. Obwohl Marias Mutter erleichtert und glücklich über die Geburt des Babys ist, muss sie mit neuen Herausforderungen umgehen. Müdigkeit, Schmerzen und psychische Überlastung erweisen sich als schwer zu verarbeiten. Sie lächelt zwar stets, wenn Familienmitglieder, Freunde und Bekannte vorbeikommen, um ihren „neuen Wonneproppen" zu sehen und sie zu beglückwünschen, aber Unsicherheit und Erschöpfung aufgrund des Anpassungsprozesses fordern ihren Tribut. Trotz allem wahrt die Mutter den Schein und wirkt wie die glückliche Mutter zweier Kinder.

---

1 Happy. (21.11.2022). *What is role strain? how it differs from role conflict?* Psychcrumbs. zitiert am 23.01.2023, von https://psychcrumbs.com/what-is-role-strain-in-sociology/#:~:text=Role%20strain%20is%20a%20term,time%20work%2C%20and%20social%20life.

II. Kommen wir nun zu Marias Vater: auch er zeigt sich erschöpft, fast so sehr wie seine Frau, denn auch ihm verlangen die Veränderungen eine Menge ab. Er bemühte sich nach Kräften, seiner Frau die Geburt so reibungslos wie möglich zu machen, doch insgeheim sorgte er sich und tut das noch immer. Obwohl er mit seiner Frau die von nun an höheren Kosten vorab kalkuliert hatte, fühlt er sich nun mit der zusätzlichen Verantwortung, zwei Kinder großzuziehen, in jeder Hinsicht überfordert.

Beide Elternteile erinnern sich daran, wie es war, als sie Maria bekamen. All die bedeutenden Veränderungen, die sie erlebten, die Kompromisse, die sie eingingen, und die Verantwortung, die damit einherging, kommt ihnen nun erneut in den Sinn. Nun wird ihnen die Dimension der Herausforderung zunehmend bewusst.

III. Nun wenden wir uns der Situation der Erstgeborenen zu, der kleinen Maria. Für Maria war es als Kind vielleicht unterhaltsam, mitanzusehen, wie ihre Mutter kugelrund wurde. Wahrscheinlich erinnert sie sich auch an all die schönen Tage, wie die Besuche im Park, die Familienausflüge zu dritt und all die ungeteilte Aufmerksamkeit. Was sie jedoch nicht erwartet hatte, war die tatsächliche Konsequenz, die mit der Schwangerschaft ihrer Mutter einherging. Für Maria scheinen all die neuen Bedingungen, die mit dem Tag der Geburt ihres kleinen Bruders eintreten, abrupter einzusetzen, als für ihre Eltern. Auch wenn sie die ganze Sache mit der Schwangerschaft, den Wehen und der Geburt nicht ganz verstand, war ihr doch intuitiv klar, dass große Veränderungen bevor stehen würden. Doch wie würde sich das alles konkret auswirken? Als Maria das Baby zum ersten Mal in den Armen ihrer Mutter und ihres Vaters sah, fühlte sie einen Schmerz tief in ihrer Brust, der ihr vollkommen neu war. Und so konnte sie die Freude ihrer Eltern nur bedingt teilen. Sie bekam das Gefühl, dass ihr perfektes kleines Leben wegen dieser neuen Entwicklung zusammenbrach und sich ihr Status als oberste Priorität im Leben ihrer Eltern verschob. Sie spürte, dass der Neuankömmling jegliche Zuneigung ungeteilt aufzehrte. Als ihre Eltern ihr zu verstehen gaben, dass sie zum Bett hinüberkommen und ihren kleinen Bruder kennenlernen solle, erstarrte sie mit ausdruckslosem Blick. Sie verstand ihren kleinen Bruder als Konkurrenz, als Bedrohung ihres eigenen Lebens. Als sie sich ihrem kleinen Bruder schließlich näherte, weigerte sie sich, diesen auch nur näher anzusehen. Ein Gefühl der Eifersucht und der Ausgrenzung machte sich in ihr breit. Seither fühlt sie sich zunehmend ungeliebt und von ihren Eltern nicht ausreichend beachtet. Und manchmal wünscht sie sich, alles wäre so geblieben, wie es einmal war: nur sie und ihre Eltern, niemand sonst. Während es allen gelang, diese Veränderung als etwas generell Positives zu bewerten, fiel es ihr schwer, sich damit abzufinden oder das Positive darin zu erkennen.

Ihre Eltern werden noch viel Überzeugungsarbeit leisten müssen, um sie zu beruhigen und ihr klarzumachen, dass ihr kleines Geschwisterchen nicht die Bedrohung darstellt, welche sie befürchtet. All die Vorbehalte und negativen Gefühle gegenüber der Veränderung ihres Lebens müssen nun von Marias Eltern richtig gedeutet und angegangen werden. Sie sind nun gefragt, Maria die positiven Seiten dieser Veränderung aufzuzeigen: das Spielen mit einem Geschwisterchen etwa wird das geringere Zeitkontingent ihrer Eltern mehr als aufwiegen und auch die Gefühle ihrer Eltern zu ihr werden niemals schwinden. Bei all diesen Herausforderungen müssen Marias Eltern auch noch ihre eigenen Sorgen und Befürchtungen überwinden.

Dies ist nur eine Illustration, aber sie verdeutlicht, wie selbst die wundervollste Veränderung überhaupt, ein neues Leben, zahlreiche unerwartete Probleme mit sich bringen kann. Dabei muss auch bedacht werden, dass bei falscher Herangehensweise diese kleinen Hürden zu gigantischen Problemen heranwachsen können. Wenn zum Beispiel Marias Eltern die Situation mit Maria nicht meistern und ihre Sorgen ignorieren, während sie sich vermehrt auf das Neugeborene konzentrieren, könnte sich die Bindung zwischen ihnen und ihrer Tochter verflüchtigen, was zu schwerwiegenden Entwicklungsstörungen führen könnte. Das Ergebnis wäre eine schwierige Kindheit mit toxischen Verhaltensmustern, die sich auch als Teenager oder Erwachsene manifestieren könnten.

Auch für Marias Eltern selbst könnte der falsche Umgang mit dieser lebensverändernden Situation kritisch werden. Es ist eine Ironie des Schicksals, dass eine scheinbar positive Veränderung wie diese in Wirklichkeit negative Gefühle und Veränderungen im Leben der Betroffenen hervorrufen kann. Diese negativen Auswirkungen können unbedeutender Natur sein (etwa eine Veränderung des Schlafverhaltens), aber auch komplizierter (chronische psychische Probleme).

In unserem Beispielfall führt fehlerhafter Umgang mit den neuen Herausforderungen zur Depression der Mutter. Bleibt dies unbehandelt oder wird falsch angegangen, können postnatale Depressionen die Folge sein. Das wäre nicht nur für die frischgebackene Mutter schwer zu ertragen, sondern könnte sich auch auf den Rest der Familie auswirken. Damit einhergehende Symptome wie Schlaflosigkeit, Angstzustände oder sogar Alkoholismus würden alle Beteiligten schwer beeinträchtigen. Diese könnten bishin zu körperlichen Schäden der Mutter oder Kindesmissbrauch führen.

Kurz gesagt: Was als positive Veränderung beginnt, kann unter Umständen fatale Auswirkungen und Dynamiken entwickeln, falls unangemessen mit Veränderungenserscheinungen umgegangen wird.

Wir sollten uns also stets offen mit den Auswirkungen von Veränderungen auseinandersetzen - auch dann, wenn es sich um positive Veränderungen handelt. Dazu gehören körperliche, emotionale und psychologische Symptome sowie Schwierigkeiten in zwischenmenschlichen Beziehungen und am Arbeitsplatz.

Stress und Angstzustände treten im Zusammenhang mit Veränderungen am häufigsten auf. Falls derartige Auswirkungen von Veränderungen nicht erkannt oder verarbeitet werden, kann dies zu Gefühlen der Ungewissheit, Unsicherheit und des Kontrollverlusts führen. Diese Gefühle können zu körperlichen Symptomen wie Kopfschmerzen, Verspannungen und Müdigkeit führen. Mit der Zeit kann chronischer Stress jedoch auch zu ernsteren Gesundheitsproblemen wie Herzkrankheiten führen.

Nur, wenn wir Veränderungen akzeptieren, können wir uns auch an diese anpassen. Gelingt uns dies nicht, wird die Bewältigung einer neuen Situation noch um ein Vielfaches erschwert. Das kann zu Frustration und Unzufriedenheit führen und es erschweren, im privaten und beruflichen Leben angemessen und produktiv zu funktionieren.

Sich nicht hinreichend mit Veränderungen auseinanderzusetzen, kann auch zu Schwierigkeiten innerhalb der Beziehungen führen. Falls man nicht in der Lage ist, Veränderungen zu verarbeiten und sich darauf einzustellen, fällt es besonders schwer, anderen individuelle Bedürfnisse und Gefühle mitzuteilen, was zu Missverständnissen und Konflikten führen kann. Das kann Beziehungen schwer belasten und es schwierig machen, diese wachsen und gedeihen zu lassen.

Abgesehen von diesen Auswirkungen kann unangemessener Umgang mit Veränderungen auch zu einem Mangel an persönlichem Wachstum und Entwicklungsstörungen führen. Veränderungen sind ein natürlicher Teil des Lebens, und wenn wir uns nicht die Zeit nehmen, darüber nachzudenken und daraus zu lernen, verpassen wir die Chance, uns als Individuum weiterzuentwickeln und zu wachsen. Das kann zu einem Gefühl der Stagnation und Unzufriedenheit mit dem Leben an sich führen.

Auch ein Mangel an Selbstbewusstsein und Selbsterkenntnis kann die Folge sein. Wenn wir uns nicht die Zeit nehmen, die Veränderungen in unserem Leben zu verstehen und darüber nachzudenken, fällt es uns umso schwerer, unsere ureigensten Gedanken, Gefühle und Verhaltensweisen einzuordnen. Das kann im ungünstigsten Fall unsere Entscheidungsfindung und Problemlösungsfähigkeiten beeinträchtigen.

Um all diese negativen Auswirkungen zu vermeiden, können wir bestimmte Maßnahmen ergreifen: wir sollten uns die Zeit nehmen, über die Veränderungen in unserem Leben nachzudenken und sie zu verstehen, damit wir sie effektiv bewältigen, daran wachsen und uns als Individuen weiterentwickeln können. Tagebuchschreiben, eine Therapie, intensivere Selbstfürsorge und mehr Zeit mit den Liebsten können hierbei Abhilfe schaffen.

NEGATIVE VERÄNDERUNG

Die Herausforderungen des Lebens können der Anfang einer tieferen Veränderung sein.

Veränderungen erfordern häufig, dass wir mit Kompromissen reagieren müssen. Manchmal kostet uns eine eintretende Veränderung unseren gewohnten Komfort und manchmal scheint es gar, als müssten wir unzählige Opfer bringen, um uns an die neue Normalität anzupassen. Wir alle wollen die positiven Veränderungen, aber wie viele von uns würden sich auch mit den negativen abfinden?

Negative Veränderung kann als die Art von Veränderung beschrieben werden, die in der Regel kausal eine Reihe von Unannehmlichkeiten mit sich bringen. Obwohl negative Veränderungen scheinbar im Gegensatz zu positiven Veränderungen stehen, würde ich behaupten, dass sie bestimmte

Auswirkungen gemeinsam haben. Negative Veränderungen (wie der Verlust eines Arbeitsplatzes, die Streichung eines Stipendiums, die Einreichung einer Scheidung oder der Tod eines geliebten Menschen) können besonders destabilisierend wirken. Veränderungen, ob gut oder schlecht, sind jedoch nie einfach, denn sie bedeuten, dass etwas aus dem gewohnten Gleichgewicht gerät. Zudem können Umstände, die uns dazu zwingen, unsere Routinen, Aktivitäten oder Arbeitsweisen zu ändern, wie bereits erwähnt, Stress oder Spannungen auslösen.

Wenn du zum Beispiel von einem Ort, den du als dein Zuhause betrachtest, in eine neue Stadt ziehst, kann dies als eine Art Kontrollverlust interpretiert werden. Die gewohnten Bindungen und Beziehungen, die du zuvor aufgebaut hast, loszulassen, kann enorme Probleme mit sich bringen. Plötzlich musst du dir eine neue Zukunft aufbauen, die noch nicht einmal garantiert ist. Eine solche Veränderung mag dir beängstigend oder gar unmöglich erscheinen, aber lass mich dir versichern, dass nichts unmöglich ist! Ohne Frage, negative Veränderungen können schlimme Folgen für unser Leben haben, unser Gefühl von Stabilität und Sicherheit stören oder uns gar hilflos zurücklassen, aber es gibt Wege, all dies zu überwinden. Lass uns der Einfachheit halber auch für ein solches Szenario ein Beispiel heranziehen:

John hat in den letzten 10 Jahren in einem großen Unternehmen gearbeitet und wurde kürzlich im Zuge von Personalabbau entlassen. Dieser plötzliche Verlust des Arbeitsplatzes stellt eine erhebliche negative Veränderung in Johns Leben dar, da er nicht nur seine finanzielle Stabilität, sondern auch sein Identitäts- und Selbstwertgefühl beeinträchtigt.

Eine der unmittelbarsten Folgen dieser negativen Veränderung für John ist finanzielle Ungewissheit und damit einhergehender Stress. Der Verlust seines Arbeitsplatzes bedeutet, dass er die Art und Weise, wie er sein Geld verwaltet und ausgibt, ändern muss, da er nun möglicherweise nicht mehr in der Lage ist, seine Rechnungen zu bezahlen oder seine Familie angemessen zu versorgen. Dieser finanzielle Stress kann zu weiteren psychischen Problemen wie Depressionen, Angstzuständen und Schlafproblemen führen.

Dennoch können solch negative Veränderungen auf verschiedene Weise überwunden werden. John kann sich zum Beispiel an diese Veränderungen anpassen, indem er ein Budget aufstellt und nach Möglichkeiten sucht, seine Ausgaben zu reduzieren, sowie nach alternativen Einkommensquellen wie Freiberuflichkeit, Beratungstätigkeiten oder Teilzeitarbeit sucht. Er kann sich zudem von einem Finanzberater anleiten lassen, der ihm neue Möglichkeiten aufzeigt.

Eine weitere Folge dieser negativen Veränderung sind die Auswirkungen auf Johns psychische Gesundheit. 14 von 16 Studien über Jobverluste haben ergeben, dass der Verlust des Arbeitsplatzes zu einer deutlichen Verschlechterung der psychischen Gesundheit führt. Niedergeschlagenheit, Wut und Hoffnungslosigkeit treten dabei am häufigsten zutage, zudem fällt es oft schwer, einen Sinn und eine Richtung in diesem neuen Leben zu finden. Derartige Empfindungen können sich manifestieren und chronische Erkrankungen auslösen. Um dies zu überwinden, kann John professionelle Hilfe von einem Therapeuten oder einem Lifecoach in Anspruch nehmen und Selbstfürsorgeaktivitäten wie Sport, Meditation und Tagebuchschreiben praktizieren, um den Stress zu bewältigen und sein psychisches Wohlbefinden zu verbessern. Auch Selbsthilfegruppen für Menschen, die ihren Arbeitsplatz verloren haben, sind ein probates Mittel, um ein Gefühl von Gemeinschaft und Verständnis zu bekommen.

Auch Johns Beziehung zu seiner Familie und seinen Freunden kann von dieser negativen Veränderung betroffen sein. Vielleicht schämt er sich so sehr für den Verlust seines Arbeitsplatzes, dass er sich von sozialen Aktivitäten und Interaktionen zurückzieht. Auch mit seiner Familie kann es zu Spannungen und Konflikten kommen, da sie das Ausmaß seines Stresses unter Umständen nicht einschätzen kann und er sich außerstand fühlt, seine Gefühle zu kommunizieren. Auch hierbei ist das Vertrauen in die Nächsten, wie auch professionelle Hilfe zu empfehlen.

Das alles verschärft sich, falls John nicht zeitnah eine neue Beschäftigung findet. Der Arbeitsmarkt ist hart umkämpft, und bei der derzeitigen Wirtschaftslage kann es für ihn schwierig werden, einen Job mit vergleichbarer Entlohnung zu finden. Das kann zu einem Verlust des Selbstwertgefühls und dem Gefühl der Ausweglosigkeit führen. Um dies zu überwinden, kann John in Erwägung ziehen, neue Fähigkeiten zu erwerben und sich fortzubilden, um seine Chancen auf einen neuen Job zu verbessern. Darüber hinaus hat er die Option, sich mit beruflichen Kontakten vernetzen, die ihm helfen können, sich auf dem umkämpften Arbeitsmarkt zurechtzufinden. Er kann zudem alternative Karrieremöglichkeiten in Betracht ziehen, die mit seinen Interessen und Leidenschaften stärker korrelieren.

Zu guter Letzt kann der Verlust eines Arbeitsplatzes auch den Verlust von Identitäts- und Selbstwertgefühl bedeuten. John hat sich, wie viele andere, über seine Karriere und seine Rolle im Unternehmen definiert. Doch jetzt, wo das nicht länger der Fall ist, fühlt er sich verloren und unsicher, er hadert mit einem Gefühl der Ziellosigkeit. Mangelnde Motivation auf der Suche nach einem Ausweg ist dabei nicht selten die Folge.

Johns Erfahrungen und sein Kampf mit der Veränderung helfen uns, die Auswirkungen negativer Veränderungen auf verschiedene Aspekte unseres Lebens besser zu verstehen. Gleichzeitig zeigen sie uns, dass negative Veränderungen, egal welcher Art, mit Geduld, Hingabe und einer positiven Einstellung überwunden werden können.

Veränderungen treten oft dann ein, wenn wir es am wenigsten erwarten und treffen uns vollkommen unvorbereitet. In einem Moment noch wirkt alles vertraut und bequem und im nächsten werden wir von einem Tornado der Unsicherheit erfasst. Jedoch gilt: sobald die ersten Gewitterwolken schließlich wegziehen, kann der Wandel hin zu zu positivem Wachstum und neuen Chancen einsetzen, sofern wir mutig genug sind, die Ärmel hochzukrempeln.

Zugegeben: besonders plötzlich und unerwartete Veränderungen treffen uns am härtesten und manche Dinge sind schlicht unkalkulierbar. Es ist normal, dass Menschen vorausplanen. Wir planen unsere Zukunft so, als hätten wir alles unter Kontrolle, ohne zu bedenken, wie Veränderungen unsere Pläne durchkreuzen können. Während manche Menschen die Philosophie vertreten, einen Tag nach dem anderen zu leben und das Leben so zu nehmen, wie es sich für sie entfaltet, planen andere lieber ihr ganzes Leben im Voraus und stellen sich eine gedankliche Einbahnstraße zu ihrem Happy End vor. Umgekehrt gibt es einige Menschen, die nicht nur ihre Zukunft planen, sondern auch *für* die Zukunft planen. Bevor ich mit der Aufschlüsselung der damit verbundenen Aspekte fortfahre, möchte ich diese Kategorien von Menschen anhand ihrer Planungsgewohnheiten und ihrer Herangehensweise im Umgang mit Veränderungen & Chaos grob kategorisieren:

1) der Idealist,
2) der Realist und
3) der Gleichgültige

DER IDEALIST

Menschen, die in diese Kategorie fallen, planen ihre Zukunft tendenziell kurzsichtig. Eventuelle Veränderungen werden dabei nicht einkalkuliert. Sie nehmen zwar an, dass man eine Vision verwirklichen kann, aber sie akzeptieren nicht, dass Veränderungen und Chaos ein unvermeidlicher Teil des Weges sind. In der Regel glauben sie, dass sie die Fäden des Lebens selbst ziehen und stets kontrollieren können, wer oder was sie dabei umgibt.

Bis zu einem gewissen Grad können wir natürlich kontrollieren, was in unserem Leben vor sich geht. Wir können zum Beispiel kontrollieren, was wir essen, was wir tragen, wohin wir gehen und was wir tun. Aber ironischerweise haben wir nicht immer die Kontrolle über das, was um uns herum passiert. Genau deshalb werden viele unserer Entscheidungen und Handlungen von Umständen und dem Druck von außen beeinflusst, also von Faktoren, die wir uns nicht aussuchen können.

Sofern diese Menschen dies verleugnen, kann im Falle einer plötzlichen Veränderung ein hohes Maß an Destabilisierung eintreten. Mangels mentaler Vorbereitung werden sie komplett auf dem falschen Fuß erwischt. Ein Beispiel: Ein verwöhntes Kind aus gutem Hause ist es gewohnt, ohne nennenswerte Probleme oder Entbehrungen durchs Leben zu kommen. Nach der Schule soll ein Studium an einer renommierten Uni vollzogen werden, um einen Abschluss in Medizin zu machen und dann einen Master und einen Doktortitel zu erwerben. Eine Stelle im besten Krankenhaus der Region, gefolgt vom Vorhaben, ein eigenes medizinisches Zentrum zu eröffnen, zu heiraten und zwei Kinder zu bekommen - der komplette Weg scheint bereitet - bis hin zur Pensionierung unter Palmen.

Das klingt nach einem machbaren Plan für ein Kind aus einer wohlhabenden Familie, oder? Stimmt. Doch nur bis zu dem Punkt, an dem eine Veränderung eintritt, die niemals Teil der Planung war. Zum Beispiel könnte der Tod eines Elternteils oder beider Elternteile seine Pläne durchkreuzen, noch er mit der Umsetzung der Pläne so richtig begonnen wird. Der Schock, der Schmerz und die Trauer könnten direkt in einen Zustand der Depression führen. Folglich könnte sich der Konsum harter Drogen oder Alkoholmissbrauch einstellen. Ein weiterer Aspekt dieser Veränderung könnte sein, dass die Familie ihren Wohlstand verliert. All diese Dinge könnten jegliche Pläne ins Wanken bringen und beeinflussen. Die folgende Orientierungslosigkeit hätte das Potenzial, das Leben in eine gänzlich andere Richtung zu lenken.

Es liegt auf der Hand, dass eine idealistische Mentalität in so einer Situation zahlreiche Konsequenzen hat. Zwei der Folgen, mit denen ein Idealist konfrontiert werden kann, sind Enttäuschung und Frustration. Wenn die Dinge nicht so laufen wie geplant, stellt der Idealist oft seine Überzeugungen und Ziele in Frage und schlägt einen Weg ein, der vorher undenkbar schien - weil ein Scheitern nie zur Debatte stand.

Darüber hinaus sind mangelnde Flexibilität und Anpassungsfähigkeit ebenfalls Folgen einer solchen Mentalität. Falls ein Idealist nicht offen für Veränderungen ist und nicht die Möglichkeit in Betracht zieht, dass die Dinge nicht so laufen wie geplant, wird es ihm schwerfallen, sich an neue Umstände und unerwartete Ereignisse anzupassen. Natürlich wird ein Idealist, der keine möglichen Veränderungen in Betracht zieht, auch Probleme in sozialen Beziehungen bekommen. Oben genannte Reaktionen auf Veränderungen können dann schnell zu Konflikten und Missverständnissen führen.

Im Grunde ist ein Idealist in diesem Zusammenhang jemand, der seine Zukunft plant, ohne daran zu denken oder zu glauben, dass Veränderungen diese verändern können. Diese Menschen glauben, dass sie ihr Schicksal selbst in der Hand haben oder das Verhalten oder die Handlungen anderer Menschen zu ihren Gunsten beeinflussen können, während sie darauf drängen, ihre Pläne zu verwirklichen. Oft können Idealisten positive Eigenschaften wie Entschlossenheit zeigen, doch ihnen fehlt die notwendige Flexibilität, um z.B. mit Schicksalsschlägen umzugehen.

DER REALIST

Realisten sind in der Regel ausgeglichene Menschen. Im Gegensatz zu Idealisten planen sie nicht nur die Zukunft, sondern machen auch Pläne für eventuelle Unwägbarkeiten. Im Grunde genommen sind sie proaktive Menschen. Während sie auf die Verwirklichung ihrer Zukunftspläne hinarbeiten, bedenken sie alles, was schiefgehen könnte. Sie akzeptieren, dass Veränderungen unvermeidlich sind und lassen daher bei der Zukunftsplanung Raum für unvorhergesehene Veränderungen oder Umstände. Manchmal können Realisten derartig berechnend sein, dass sie bei allem, was sie tun, die Vor- und Nachteile abwägen, ähnlich wie Perfektionisten. Viele von ihnen denken in zwei Richtungen gleichzeitig, indem sie sowohl die positive als auch die negative Seite in Betracht ziehen, ihren Weg entsprechend wählen und darauf hinarbeiten, ohne dabei den Aspekt der Ungewissheit aus den Augen zu verlieren. Für viele Realisten steht also der Rationalismus im Vordergrund.

Ein konsequenter Realist würde im Zuge eines Roadtrips seine Freunde dazu bringen, ihre Angehörigen zu benennen, Notfallkontakte auf einzutragen, sicherstellen, dass der Feuerlöscher funktioniert, dass mindestens ein Ersatzreifen vorhanden ist und sonstige Maßnahmen treffen, um auf unvorhergesehene Umstände vorbereitet zu sein. Manche Realisten werden deshalb als verklemmt wahrgenommen und können im Vergleich zu weniger konsequenten Realisten als pedantisch erscheinen. Realisten werden aufgrund der beiderseitigen Absicherung auch oft als Skeptiker wahrgenommen.

Idealist

Middle Man

Realist

Realisten planen, ziehen aber auch Veränderungen in Betracht - selbst solche, die unvorhersehbar sind. Ein Realist würde sagen: “Ich habe folgende Pläne, aber wer weiß, alles kann passieren.” So kann der Realist auf jede chaotisch eintretende Veränderung vorbereitet sein. Natürlich haben auch Realisten nicht immer eine Lösung oder einen Ersatzplan für den Fall der Fälle parat, obwohl sie sich mental darauf vorbereiten. Dass sie jedoch akzeptieren, dass Veränderungen unvermeidlich sind, ist eine Eigenschaft, die sie von ihren idealistischen Pendents unterscheidet.

Realisten sind eher anpassungsfähig und flexibel im Umgang mit Veränderungen. Sie haben seltener unflexible Erwartungen und Pläne und sind offener für neue Möglichkeiten und Chancen. Sie sind tendenziell belastbar und in der Lage, die Komplexität des Lebens zu meistern. Das bedeutet aber nicht zwangsläufig, dass sie Veränderungen nicht genauso spüren wie Idealisten, sobald sie eintreten. Veränderungen können auch Realisten aus dem Konzept bringen und ihnen Stress oder Sorgen bereiten. Realisten sind anfällig für Identitätskrisen im Fall eines Schicksalsschlages, da sie sich eher auf das Praktische und die tägliche Routine konzentrieren als auf Ideale oder Überzeugungen.

Realisten sind deshalb dann schnell mit Selbstzweifeln und Unsicherheit konfrontiert. Sie neigen dazu, ihre Fähigkeiten und Entscheidungen in Frage stellen und haben darauf basierend schnell Probleme, Herausforderungen zu meistern. Der Unterschied zwischen einem Realisten und einem Idealisten liegt jedoch darin, wie er mit der Veränderung umgeht und diese überwindet. Ein Realist, der sich auf plötzliche Veränderungen vorbereitet hat, kann sich leichter und schneller anpassen und lernen, mit dem Chaos zu leben, als ein Idealist, der den Wandel verleugnet und es versäumt hat, ihn zu berücksichtigen und sich darauf vorzubereiten.

Wenden wir uns dafür einmal mehr einem anschaulichen Beispiel zu. Sally ist eine frischgebackene Hochschulabsolventin, die sich gerade mit ihrem Langzeitpartner verlobt hat. Doch ihr Partner löst die Verlobung unerwartet auf. Diese plötzliche Veränderung in ihrem Privatleben stellt Sally vor eine erhebliche negative Veränderung, an die sie sich anpassen und die sie bewältigen muss.

Wäre Sally eine Idealistin, würde sie auf diese Veränderung tendenziell emotional und am Boden zerstört reagieren, da sie eine klare Vorstellung von ihrer Zukunft mit ihrem Partner hatte und ihre Zukunftspläne mit der Vorstellung verband, den Rest ihres Lebens mit ihm zu verbringen. Dies würde zu Verleugnung führen, oder auch dazu, dass diese negative Erfahrung auf andere Bereiche ihres Lebens übergreift und ihr Berufsleben, ihre Karrierepläne und ihre Beziehungen zu anderen entgleisen ließe. Sally hielte dann unter Umständen an der Überzeugung fest, dass die Dinge anders hätten verlaufen sollen und gibt sich selbst oder ihrem Partner die Schuld an der eingetretenen Veränderung.

Wäre Sally stattdessen Realistin, würde sie diese Veränderung eher akzeptieren und einen praktischeren Ansatz wählen, um damit umzugehen. Sie würde die Enttäuschung über die Situation annehmen und sich sicherlich verletzt fühlen, aber in diesem Schmerz auch die Chance für etwas Neues wahrnehmen. Sally bräuchte vielleicht nur etwas Zeit, um diese Veränderung zu verarbeiten und darüber nachzudenken, was schief gelaufen ist und wie es weitergehen soll. Sally wäre auch offener für neue Beziehungen und Möglichkeiten. Sie wäre widerstandsfähiger und in der Lage, die Komplexität dieser schwierigen Situation zu bewältigen.

Anhand dieser Situation können wir erkennen, dass sich die Art und Weise, wie Realisten und Idealisten mit negativen Veränderungen umgehen, erheblich unterscheiden kann. Idealisten neigen dazu, sich mit Veränderungen schwer zu tun, diese zu akzeptieren und an unrealistischen Erwartungen festzuhalten, während Realisten Veränderungen eher akzeptieren und einen praktischeren Ansatz im Umgang mit ihnen wählen. Das trägt dazu bei, flexibler, anpassungsfähiger und widerstandsfähiger gegenüber unerwarteten Ereignissen zu sein.

Doch da wäre noch ein dritter Typus, wenn es darum geht die Veränderungen des Lebens zu bewältigen:

DER GLEICHGÜLTIGE

Dieser Typus findet sich mit der Tatsache ab, dass wir die Geschehnisse des Lebens nicht immer kontrollieren können. Ihm könnte folgendes Zitat zugeordnet werden: *"Im Ernst, ich nehme hin, was auch immer passiert. So etwas kann man halt nicht planen. Lass uns einfach sehen, wie sich die Dinge entwickeln"* Ihn könntest du fragen: *"Hey, was willst du nach der Schule machen?"*

Und er würde antworten oder gar dabei lachen und sagen: *"Keine Ahnung. Ich glaube nicht, dass ich irgendwelche Pläne habe. Ich werde einfach tun, was das Leben für mich bereithält!"*

Wir können also feststellen: Idealisten sind Optimisten und Realisten sind Skeptiker. Der Gleichgültige hingegen lässt sich nonchalant treiben. Oft bekommen seine Mitmenschen den Eindruck, dass ihm der nötige Ernst fehlt. Er lehnt Pläne ab, weil er der Ansicht ist, dass diese ohnehin nicht funktionieren. Er geht davon aus, dass Veränderungen zwangsläufig eintreten, aber im Gegensatz zum Realisten bestreitet er seinen Einfluss auf die Geschehnisse. Warum also Pläne machen, wenn sich die Dinge sowieso ständig ändern? Ist es nicht besser, alles sich selbst zu überlassen?

Dieser Mensch heißt Veränderung geradezu willkommen. Das heißt aber nicht, dass er nicht von diesen betroffen ist, egal ob diese positiv oder negativ sind. Es bedeutet vielmehr, dass er, wie der Realist, die Existenz und die Macht des Wandels akzeptiert.

Gleichgültige Menschen tendieren dazu, zu allem und jedem die gleiche Haltung einzunehmen. Sentimentale Themen, wie z. B. der Verlust eines lieben Menschen, nimmt er schulterzuckend hin und trauert nicht auf die übliche, der Gesellschaft bekannten Weise. Diese Menschen werden folglich oft für herzlos, kalt, oder gar bösartig gehalten.

Doch das ist nicht unbedingt immer der Fall. Es ist nicht so, dass sie die Schwere eines Verlustes, wie zum Beispiel den Tod eines geliebten Menschen, nicht realisieren. Seine Philosophie ist vielmehr, dass man über unsausweichliche Geschehnisse nicht übermäßig nachdenken sollte. Das wird oftmals als gefühlskalt von Dritten wahrgenommen.

Betrachten wir ein praktisches Beispiel, um diesen Punkt weiter zu verdeutlichen. Ein 14-jähriges Mädchen hat ihre Familie und ihr Haustier bei einem Autounfall verloren, während sie im Internat war. Selbst, als die traurige Nachricht sie erreichte, fuhr sie mit ihrer normalen Routine, wie gewohnt, fort. Obwohl sie anfangs schockiert und traurig über die Nachricht schien, tat sie schnell so, als sei nichts passiert, viel eher als man es von ihr erwartet hätte. Sie weinte nicht, sie aß weiterhin in der Mensa, besuchte den Unterricht und machte alles wie sonst auch.

Sogar bei der Beerdigung war nur schwer zu erkennen, wer da eigentlich gerade seine Familie und sein Haustier bei einem schrecklichen Autounfall verloren hatte - ihre Freunde, Familie und Bekannten schienen mitfühlender und bedrückter zu reagieren als das Mädchen selbst. Es dauerte nicht lange, bis die Leute zu tuscheln begannen und darüber sprachen, wie kaltherzig und gefühllos das Mädchen sei. „Unglaublich, sie sieht aus, als ob ihr das gar nichts ausmacht“, bemerkt dabei jemand. „Wie kann ein Kind so kalt sein, wenn eben die ganze Familie verstorben ist? Ich meine, ein Haustier... das kann man in dieser Situation ja noch verstehen, aber ihre ganze Familie? Ich glaube, sie steht noch unter Schock oder leugnet ihre Trauer“, kommentierte ein anderer.

Dieser Fall zeigt, wie missverstanden ein solcher Mensch wird. Natürlich spürt sie den Verlust, die Trauer und den

Schmerz, aber sie geht anders damit um, als man es für normal halten würde. Sie mag untröstlich sein, aber akzeptiert die Tatsachen schnell, denn schließlich ist in einem solchen Fall nichts mehr zu machen. Also lautet die Devise, die Erinnerungen zu bewahren, das Leben weiterzuleben und zu sehen, wohin es einen führt.

Nachdem ich dir alle drei Kategorien von Menschen anhand ihrer individuellen Herangehensweise in Bezug auf Veränderung vorgestellt habe, wollen wir nun auf ein Konzept zurückkommen, das wir bereits besprochen haben:

1) die Planung der Zukunft und
2) die Planung *für* die Zukunft.

Die Planung der Zukunft

I. Bei der Zukunftsplanung skizziert man, wie und was man sich für die Zukunft vorstellt (sei es die Planung eines Schuljahres, eines Studienplans oder die Planung des gesamten Lebens). Man macht sich also eine gedankliche Vorstellung von diesen Dingen. In diesem Stadium gibt es normalerweise nur den Planer, den Plan und die Schritte zur Verwirklichung. Also Aspekte, die einen Zukunftsplan von einem Traum unterscheiden.

II. Wahrend die Planung fur die Zukunft in der Regel der realistische Aspekt der Zukunftsplanung ist, macht sich mancher auch Gedanken über einen Ersatzplan oder über die Erfolgsaussichten seiner Plane. Hierbei wägt man die

Vorteile ab und bedenkt die Nachteile. Man muss sich in diesem Kontext damit abfinden, dass es irgendwann zu Veränderungen kommen könnte. Dies ist normalerweise der Teil der Zukunftsplanung, den der Idealist auslässt, also genau der Teil, den der Realist bei der Erstellung von Zukunftsplänen berücksichtigen wurde.

CHAOS

Teil Zwei

CHAOS & VERÄNDERUNG: CHAOTISCHER WANDEL

Meine Hauptmotivation, dieses Buch zu verfassen, war meine Erkenntnis darüber, wie wir dazu neigen, Chaos und Veränderungen zu verleugnen - wie wir das Gute erzwingen wollen und das vermeintlich Schlechte ablehnen. Oft haben wir eine perfekte Vorstellung vom Leben im Kopf und denken an all die damit verbundenen, positiven Ereignisse. Wir ticken so, weil es einfacher ist, mit Frohsinn, Gelassenheit und Glückseligkeit umzugehen, doch dabei vergessen wir oft, dass das Leben keine Utopie ist.

Pläne und Vorstellungen gehen eben schief, und negative Veränderungen entziehen sich unserer Kontrolle. Es gilt: während du an das Gute denkst, solltest du immer auch bedenken, dass Chaos und Veränderungen im Bereich des Möglichen sind. Berücksichtigst du dies, hast du eher die Chance, strategisch damit umzugehen und die besten Lösungen zu finden.

Als Menschen versuchen wir stets, die Dinge, die in unserem Leben und um uns herum passieren, zu kontrollieren.

Veränderung ist aber eine Kraft, die wir nie ganz beherrschen können, egal wie sehr wir es versuchen. Sie kann wie eine Flutwelle über uns hereinbrechen und uns mitreißen, oder auf leisen Sohlen herankommen und uns unser Gefühl von Sicherheit und Vorhersehbarkeit rauben. Eines sollte uns in jedem Fall bewusst sein: Wir können lernen, auf den Wellen der Veränderung zu reiten und die Schönheit in der Ungewissheit zu finden.

Chaos und Veränderung sind zwei Begriffe, die verschiedene Bedeutungen haben. Obwohl sie manchmal austauschbar erscheinen, kann Veränderung mit Chaos einhergehen, doch das muss eben nicht immer der Fall sein. Das bedeutet, dass Chaos und Veränderung nicht immer zusammenpassen - zumindest nicht immer zur gleichen Zeit. Manchmal kommt das Chaos, bevor der die Veränderung eintritt und Anpassungen erfordert.

Betrachten wir zum Beispiel ein Kind, das während des Krieges geboren wurde und unter vielfältigen Unruhen aufgewachsen ist. In diesem Fall können wir nicht behaupten, dass sich in seinem Leben viel verändert hat, weil es schlicht in diese Situation hineingeboren wurde und bereits unter solchen Umständen aufgewachsen ist. Dennoch ist das Chaos allgegenwärtig, von der Geburt bis zum Erwachsenwerden.

Bitte beachte: Diese Veranschaulichung dient nur der Illustration und bedeutet nicht, dass Chaos gleichbedeutend mit Unruhen oder Krieg ist.

Wenn der Krieg jedoch endet und der Frieden wiederhergestellt wird, oder der Junge und seine Familie an einen ruhigen und friedlichen Ort im Ausland ziehen, wäre dies zweifellos eine Veränderung seines Lebens. In diesem Fall handelt es sich, wie bereits besprochen, um eine positive Veränderung, die jedoch mit Turbulenzen einhergehen kann, etwa durch die Veränderung der Umgebung, die Sprachbarriere, die Integration und vieles mehr.

Vieles von dem, was im vorigen Kapitel dieses Buches über Veränderungen gesagt wurde, gilt auch für das Chaos. Wie der Wandel durch Veränderung ist auch das Chaos im Leben unvermeidlich. Abgesehen von chaotischen Situationen, die jederzeit ausbrechen können, haben wir - mehr als wir zugeben wollen - mit dem inneren Chaos zu kämpfen.

Folglich lässt sich das Chaos in zwei Kategorien unterteilen:
1) das innere Chaos und
2) das äußere Chaos.

DAS INNERE CHAOS

Das innere Chaos ist die Art von Chaos, welche uns innewohnt. Etwas, das wir in der Regel im Verborgenen bekämpfen und das wir anderen oder sogar uns selbst gegenüber oft nicht eingestehen wollen. Manchmal empfinden wir starke Emotionen, die mit dem Chaos in Verbindung stehen - Emotionen, die lange Zeit anhalten und uns stark beeinträchtigen.

Furcht, Ungewissheit, Angst, Traurigkeit, Einsamkeit, Depression, Hass, Eifersucht, Druck, geringes Selbstwertgefühl,

Anspannung, Gier, Schmerz, Trauer, Verwirrung und Wut sind nur einige der chaotischsten Gefühle, welche uns übermannen können. Diese Gefühle können in uns Chaos stiften und dazu führen, dass wir uns selbst hassen. Wir wollen diese Gefühle unbedingt kontrollieren und bemühen uns, so ruhig und gefasst wie möglich zu erscheinen. Doch das ist nicht immer der Fall.

Während wir versuchen, die Auswirkungen des Chaos zu kontrollieren, können die Emotionen in uns weiterhin eskalieren, da wir das Chaos, das wir frühzeitig hätten angehen sollen, aufstauen und verdrängen. Hierdurch droht sich die psychische Gesundheit fortlaufend zu verschlechtern. Die Lösung kann so einfach wie der Besuch eines Therapeuten sein, sie kann aber auch einen Facharzt für Psychiatrie notwendig machen.

Anstatt zu versuchen, Gefühle wie Hass, Eifersucht, Angst oder Furcht zu akzeptieren, reden wir uns ein, dass diese nicht existent wären. Manche laufen davor weg, diese Gefühle zuzugeben, weil sie diese als Zeichen von Schwäche ansehen und nicht als schwach eingeschätzt werden wollen - nicht einmal sich selbst gegenüber.

Inneres Chaos zeigt sich auch am Arbeitsplatz und dringt in andere Bereiche unseres Lebens vor, wenn es nicht angegangen und gelöst wird. Inneres Chaos kann sich auf viele Arten äußern, z. B. durch Gefühle der Unsicherheit, Verwirrung und Verweigerung. Diese Art von Chaos kann auftreten, wenn eine bedeutende Veränderung ins Haus steht ist, wie z.B. einer Umstrukturierung, eine Fusion oder eine neue Unternehmensführung. Ein solcher Ausbruch von Chaos kann überwältigend wirken und zu einem Rückgang der Produktivität, der Moral sowie der geistigen und körperlichen Gesundheit führen.

Einer der Gründe für derartiges Chaos ist in einem Mangel an Kommunikation und Transparenz zu suchen. Nicht informierte Betroffene fühlen sie sich oft unsicher und bekommen folglich Zukunftsängste. Das kann enormes Misstrauen auslösen und es den Einzelnen erschweren, sich an die erforderlichen Veränderungen anzupassen. Um diese Art von Chaos zu verhindern, ist es elementar, dass die Führungskräfte offen und ehrlich über alle anstehenden Veränderungen sprechen und ihr Bestes tun, um die Menschen in den Veränderungsprozess einzubeziehen.

Inneres Chaos auf beruflicher Ebene kann zudem durch die Angst vor dem Unbekannten entstehen. Um genau das zu verhindern, ist es wichtig, den Beschäftigten Informationen und Ressourcen zur Verfügung zu stellen, die ihnen helfen, den Wandel zu verstehen und sich darauf einzustellen. Nur dann ist es möglich, sich auch mit den emotionalen Aspekten der Veränderung auseinanderzusetzen.

Chaos kann zudem entstehen, wenn es an der Bereitschaft oder dem Engagement für Veränderung mangelt. Falls sich die Beschäftigten nicht in die Veränderung einbringen, weil sie sie nicht vollständig verstehen oder nicht an sie glauben, wehren sie sich dagegen, denn sie haben das Gefühl, dass sie ihnen aufgezwungen wird. In einem solchen Kontext kommt es darauf an, allen zu vermitteln, wie die anstehenden Veränderungen ihnen und dem Unternehmen als Ganzes zugutekommen werden.

Der Umgang mit innerem Chaos angesichts von Veränderungen erfordert einen proaktiven Ansatz. Eine wirksame Strategie besteht darin, ein Gefühl für den gemeinsamen Zweck und die gemeinsame Vision zu schaffen. Das hilft den Beschäftigten, das „Warum" hinter der Veränderung zu verstehen. Dies kann dazu beitragen, den Widerstand zu verringern und die Akzeptanz zu erhöhen.

Natürlich sollten auch hier Führungskräfte den Beschäftigten die notwendigen Ressourcen und Unterstützung zur Verfügung stellen, damit sie sich auf die Veränderungen einstellen können. Dazu gehören bezahlte Schulungen und Workshops, sowie Beratung und Coaching, um den Mitarbeitern zu helfen, die emotionalen Aspekte des Wandels zu bewältigen.

Eine Kultur der offenen Kommunikation und des Feedbacks ist dabei elementar. Die Beschäftigten sollten sich wohl fühlen, wenn sie ihre Gedanken und Bedenken über die Veränderungen mitteilen. Auch die Führungskräfte sollten offen sein, jeden anzuhören und auf Bedenken eingehen, ohne zu urteilen. So fühlen sich die Beschäftigten gehört und wertgeschätzt, was ihr Engagement und ihren Einsatz für die anstehende Veränderung erhöhen kann.

Schließlich kommt es darauf an, während des Veränderungsprozesses geduldig und mitfühlend zu sein. Veränderungen sind nie einfach und es kann einige Zeit dauern, bis sich sowohl Einzelne als auch Organisationen angepasst haben. Führungskräfte sollten sich dessen stets bewusst sein und den Beschäftigten die nötige Zeit und Unterstützung geben, um sich auf Veränderungen einzustellen.

Sobald man mit Veränderungen konfrontiert ist, erlebt man also häufig auch Chaos. Durch einen proaktiven Ansatz und die Auseinandersetzung mit den emotionalen und praktischen Aspekten des Wandels können Führungskräfte ihren Mitarbeitern jedoch helfen, gestärkt und widerstandsfähiger aus diesem hervorzugehen.

ÄUSSERES CHAOS

Dieses Chaos findet um uns herum statt - in unserer Umgebung, zu Hause, in der Schule oder am Arbeitsplatz. Das ist die Art von Chaos, mit der wir zwingend zurechtkommen müssen - eines, das wir normalerweise nicht selbst geschaffen haben. Oft funktioniert das Leben einfach so. Es ist chaotisch und entzieht sich unserer Macht.

Wir haben oft damit zu kämpfen und wissen nicht genau, wie wir darauf reagieren oder damit umgehen sollen. Der Versuch der Kontrolle misslingt häufig und verursacht weitere Folgewirkungen. Wir können zum Beispiel kaum kontrollieren, wie die Leute reden, was sie zu uns sagen, oder was sie gegen uns unternehmen. Wir können die Leute nicht dazu bringen, uns zu mögen oder unsere Ideen zu übernehmen. In der Regel können wir diese Erkenntnis jedoch akzeptieren und lernen, mit chaotischen Situationen umzugehen.

Anstatt dir Sorgen zu machen oder zu versuchen, die Dinge, die um dich herum passieren, zu kontrollieren, solltest du dich lieber auf die Dinge konzentrieren, die du beherrschen kannst, wie zum Beispiel deine Reaktion und deine Vorgehensweise.

Äußeres Chaos kann einen erheblichen Einfluss auf unser Berufsleben haben. Beispiele dafür sind Veränderungen auf dem Arbeitsmarkt, Unternehmensverkleinerungen oder Wirtschaftsabschwünge. Solche Veränderungen bewirken Unsicherheit, Angst und Stress, wie bereits erwähnt.

Auch technologische Fortschritte oder eine veränderte Verbrauchernachfrage entwickeln enorme Dynamiken der Veränderung. Beschäftigungsmöglichkeiten können in der Folge abnehmen oder der Wettbewerb um Arbeitsplätze härter werden, was für Menschen, die Arbeit suchen oder beruflich aufsteigen wollen, besonders herausfordernd sein kann. Um mit dieser Art von äußerem Chaos fertig zu werden, ist es essenziell, über Veränderungen auf dem Arbeitsmarkt informiert zu bleiben und proaktiv nach neuen Möglichkeiten zu suchen. Dazu gehört, dass du dich vernetzt, deine Fähigkeiten auf den neuesten Stand bringst und offen für verschiedene Arten von Stellenangeboten bist. Du solltest zudem jeden Rückschlag als vorübergehend und als Teil deines langfristigen Weges bewerten.

Unternehmensverkleinerungen sind ein weiteres Thema, das mit äußerem Chaos in Verbindung steht und auftreten kann, wenn ein Unternehmen in finanzielle Schwierigkeiten gerät oder sein Geschäft umstrukturiert. Tritt ein solcher Fall ein, können Mitarbeiter entlassen oder degradiert werden. Um mit dieser Art von externem Chaos umzugehen, ist es wichtig, einen Plan B darüber zu haben, wie man mit einem Arbeitsplatzverlust oder Personalabbau umgeht.

Dazu gehört ein finanzielles Polster, ein aktueller Lebenslauf und ein offenes Auge für den Arbeitsmarkt. Es ist auch wichtig, dass du dich in dieser Phase besonders um dein geistiges und emotionales Wohlbefinden kümmerst.

Der Umgang mit dem äußeren Chaos angesichts von Veränderungen erfordert eine flexible und anpassungsfähige Denkweise. Eine positive Einstellung und ein gewisses Maß an Weitsicht können jedoch hilfreich sein, um mit äußerem Chaos umzugehen. Es ist wichtig, sich stets daran zu erinnern, dass externe Veränderungen außerhalb unserer Kontrolle liegen und dass es trotz allem möglich ist, gestärkt und widerstandsfähiger aus ihnen hervorzugehen.

Inneres Chaos kann wie ein Sturm sein, der sich in uns zusammenbraut und Unsicherheit und eine ablehnende Haltung hervorruft. Das äußere Chaos hingegen ist wie ein Sturm, der unerwartet aufzieht, unser Leben in seinen Grundfesten erschüttert und alles in Aufruhr bringt. Inneres und äußeres Chaos können zusammen besonders fatal wirken, aber genau wie jeder Sturm wird auch das vorbeiziehen. Mit der richtigen Einstellung und Vorbereitung können wir jedes Chaos überstehen und gestärkt aus ihm hervorgehen.

DIE AUSWIRKUNGEN VON CHAOS & VERÄNDERUNG

Häufig kann die Erkenntnis der Ungewissheit selbst bereits Stress und Chaos in uns auslösen. Chaos und Veränderung können eine schwere Last sein und Angstgefühle auslösen, auf die wir nun näher eingehen werden.

Angst ist eines der häufigsten Symptome, die wir erleben, wenn wir mit Veränderungen konfrontiert werden. Sie resultiert aus der Annahme, dass unser Gehirn eine große Lebensveränderung automatisch als negativ wahrnimmt, was unsere Fähigkeit, Entscheidungen zu treffen, beeinträchtigt und folglich unsere Gefühle von Angst und Depression verstärkt.[2]

Einige häufige Symptome der Angst vor Veränderungen habe ich hier für dich aufgeführt:

- Übermäßige Sorge um die Zukunft: Menschen, die Angst vor Veränderungen haben, machen sich ständig Sorgen darüber, was die Zukunft bringt und wie sie mit den Veränderungen zurechtkommen werden.

- Körperliche Symptome: Angst kann sich auch in körperlichen Symptomen wie erhöhter Herzfrequenz, Muskelverspannungen und Müdigkeit äußern.

---

2 WebMD. (n.d.). *Dealing with change: How it affects your mental health and what you can do to cope*. WebMD. Zitiert am 23.01. 2023, Quelle: https://www.webmd.com/mental-health/what-to-know-about-how-to-deal-with-change#:~:text=When%20a%20major%20life%20change,will%20benefit%20your%20mental%20health.

- Verweigerungshaltung: Manche Menschen versuchen, Veränderungen komplett zu vermeiden, um den damit verbundenen Angstgefühlen zu entgehen.

- Schwierigkeiten bei der Entscheidungsfindung: Angst kann es Menschen schwer machen, Entscheidungen zu treffen, da sie wie gelähmt sind und befürchten, eine falsche Entscheidung zu treffen.

- Negative Gedanken: Menschen, die Angst vor Veränderungen haben, können negative Gedanken und Überzeugungen über sich selbst entwickeln, z. B. das Gefühl, unzulänglich oder hilflos zu sein.

- Konzentrationsschwierigkeiten: Angst kann es Menschen auch erschweren, sich auf Aufgaben zu konzentrieren und auf das zu achten, was um sie herum geschieht.

Diese Symptome können in ihrer Schwere und Intensität variieren und können auch von anderen psychologischen Erkrankungen wie Depressionen begleitet werden. Bitte beachte, dass nicht jeder, der Veränderungen erlebt, auch Angstsymptome hat und dass manche Menschen ihre Angst auf unterschiedliche Weise erleben. Zudem ist es wichtig, Hilfe zu suchen, wenn die Angstsymptome das tägliche Leben beeinträchtigen. Ein Therapeut zeigt Wege auf, um Bewältigungsmechanismen und Techniken zu entwickeln, um mit der Angst umzugehen.

Folgende Symptome gehen damit einher:

- Stress
- Wut

CHAOS
=
CHANGE

- Ungewissheit
- Verwirrung
- Traurigkeit
- Verschrobenheit

Veränderung mag plötzlich wie ein Windstoß eintreten, aber mit den richtigen Kniffen können wir diesen in eine sanfte Brise verwandeln. Widerstandsfähigkeit, Anpassungsfähigkeit und einer positiven Einstellung tragen dazu bei, die Ungewissheit zu überwinden und den Weg für eine bessere und vielversprechende Zukunft zu ebnen.

Wir müssen uns um unser emotionales und geistiges Wohlbefinden kümmern und mit den richtigen Vorgehensweisen können wir den Wandel stets zu unseren Gunsten gestalten.

CHAOS & VERÄNDERUNG ANNEHMEN: WIE MAN DAMIT UMGEHT

Manchmal stelle ich mir vor, wie es sein könnte, wenn wir alle ein Handbuch des Lebens in die Hand bekämen, in dem Schritt für Schritt beschrieben stünde, wie wir mit Herausforderungen umgehen oder sie dauerhaft meistern können. Wäre das Leben auf diese Weise nicht viel einfacher? Nun, da die Dinge nun mal nicht so laufen, können wir genauso gut damit beginnen, Wege zu finden, mit dem Chaos und den Veränderungen, die uns das Leben bescheren kann, umzugehen.

Um das Chaos anzunehmen und ein Meister der Bewältigung zu werden, müssen wir lernen, dass der erste Schritt zur persönlichen Weiterentwicklung immer der Schwerste ist. Wenn uns das Leben trifft und Schmerzen zufügt, besteht die einzig zielführende Reaktion darin, die Situation zu analysieren und daraus zu lernen.

Im Folgenden erkläre ich dir detailliert, wie du das Chaos und den Wandel bestmöglich bewältigen kannst.

1. **DEINE GEISTESHALTUNG - DER NEUSTART**

   Um das Chaos tatsächlich zu meistern und mit dem Wandel fertig zu werden, müssen wir zunächst eine Art Reset-Knopf betätigen. Hier geht es darum, unsere Ansichten oder eine Philosophie zu ändern, welche uns möglicherweise daran hindert, mit der Situation umzugehen.

   Wenn wir beispielsweise eher ein utopischer Denker oder Idealist sind, der glaubt, dass es immer eine Win-Win-Situation gibt, in der man alles haben kann, dann müssen wir lernen, externes und unerwartetes Chaos in unsere Erwartungen zu integrieren. Das Leben ist keine Utopie und die Dinge sind nicht immer rosig. Wie sagt der Volksmund?: „Das Leben ist kein Zuckerschlecken". Wir sollten aufgeschlossener für neue Denkansätze werden.

   Zudem müssen wir lernen, eine positive Einstellung zu bewahren. Sorge dafür, dass dein Geist positiv eingestellt ist, damit du auch in chaotischen Zeiten oder bei radikalen Veränderungen die Chancen des Lebens nicht aus dem Blickfeld verlierst. Wenn wir unseren Geist mit Optimismus und Selbstvertrauen nähren, kann dies dazu beitragen, die Auswirkungen negativer Ereignisse oder unerwarteter Veränderungen zu minimieren.

Statt Veränderungen als etwas Negatives oder etwas, das man fürchten muss, zu sehen, solltest du sie als Chance für Wachstum und Entwicklung begreifen. Richte deine Gedanken neu aus und versuche, die positiven Aspekte der Veränderung zu finden. Das wird dir helfen, aufgeschlossener und anpassungsfähiger zu sein, und es wird dir leichter fallen, das Chaos zu bewältigen, das mit Veränderungen einhergeht.

Du musst verstehen, dass Veränderung ein langer Prozess sein kann und nicht nur ein einmaliges Ereignis. Es ist wichtig, dass du dir Zeit nimmst, die Veränderung zu verarbeiten, darüber nachzudenken und daraus zu lernen. Das wird dir helfen, widerstandsfähiger zu werden und besser mit zukünftigen Veränderungen umzugehen.

Eine Mentalität des persönlichen Wachstums ist eine Denkweise, die es uns ermöglicht, uns selbst als verbesserungsfähig und erfolgreich zu betrachten, egal unter welchen Umständen wir leben. So sind wir eher bereit, Veränderungen als Herausforderung und nicht als Bedrohung zu sehen. Das verändert unsere Perspektive und gibt uns die Möglichkeit, das Chaos nicht nur zu überwinden, sondern es zu unserem Vorteil zu nutzen.[3]

---

3 Staff, N. L. I. (16.11.2021). *Why change is so hard - and how to deal with it.* NeuroLeadership Institute. 23.01. 2023, via https://neuroleadership.com/your-brain-at-work/growth-mindset-deal-with-change

2. SEI STETS VORBEREITET

Ich rate dir dringend, auf vielfältige Ereignisse vorbereitet zu sein. Falls du daran interessiert bist, das Chaos zukünftig besser zu meistern, dann solltest du lernen, proaktiv vorzugehen - wie der Realist.

Auch wenn eine allumfassende physische oder materielle Vorbereitung schwierig sein sollte, kann es sehr hilfreich sein, zumindest mental auf Chaos und Wandel vorbereitet zu sein. Wie wir bereits festgestellt haben, sollten wir nicht nur die Zukunft planen, sondern vor allem auch *für* die Zukunft planen.

Wir sollten dies üben, indem wir versuchen, uns verschiedene, mögliche Szenarien vorzustellen, welche uns auf unserem Weg durch das Leben begegnen können. Wenn wir das tun, können wir uns für bestimmte, zukünftige Ereignisse wappnen. Dies ist ein Profi-Tipp für die Bewältigung von Chaos und Wandel.

Sich auf das Chaos vorzubereiten, kann dazu beitragen, die Auswirkungen der Veränderung zu minimieren und sie leichter zu bewältigen. Aber wie können wir uns nun vorbereiten?

Welche Schritte können wir unternehmen, um vorauszuplanen und sicherzustellen, dass wir in einen stabilen Zustand gelangen, sobald wir uns in das Chaos stürzen, das unweigerlich auf uns zukommen wird? Die Vorbereitung auf den Wandel kann viele Formen annehmen, z. B. einen Plan erstellen, Ziele setzen und ein Unterstützungsnetzwerk etablieren.

Ein klarer Plan kann dir eine Richtung und ein Ziel vorgeben, was in Zeiten der Unsicherheit besonders hilfreich sein kann. Er kann auch dazu beitragen, die Auswirkungen der chaotischen Veränderung zu minimieren, indem er eine Blaupause für die Bewältigung der Situation liefert. Spezifische und erreichbare Ziele zu setzen, kann dir ebenfalls helfen, ein Gefühl für Richtung und Zweck zu bekommen, was es einfacher macht, voranzukommen.

Ein starkes Unterstützungssystem kann dir in schwierigen Zeiten emotionale und praktische Hilfe bieten. Das kann ein Gefühl des Verständnisses und der Kameradschaft vermitteln und das Gefühl der Isolation, das mit Veränderungen einhergehen kann, verringern.

Sich auf das Chaos vorzubereiten, kann auch Selbstfürsorge und Selbstmitgefühl beinhalten. Wenn du dir die Zeit nimmst, dich um dich selbst zu kümmern - sowohl körperlich als auch geistig - kann das helfen, die Auswirkungen der Veränderung zu minimieren. Dazu gehören Dinge wie Sport, Meditation, Tagebuch schreiben und Zeit in der Natur zu verbringen.

Um für das Chaos gerüstet zu sein, solltest du flexibel und aufgeschlossen sein. Die Fähigkeit, sich an Veränderungen anzupassen und offen für neue Möglichkeiten zu sein, kann es leichter machen, die Situation zu meistern. Dazu gehört auch, dass du bereit bist, neue Dinge auszuprobieren, alternative Lösungen in Betracht zu ziehen und offen für neue Chancen zu sein, die sich durch die Veränderung ergeben können.

3. FOKUSSIERT BLEIBEN

Positiv zu bleiben und sich auf das zu konzentrieren, was gerade ansteht, ist eine effiziente Möglichkeit, Chaos und Wandel zu meistern. Lassen wir uns nicht durch das Chaos oder die Veränderungen um uns herum aus der Bahn werfen. Es ist nicht immer einfach, aber kontinuierliches Versuchen ist der Schlüssel.

Nehmen wir zum Beispiel Jake, der Manager in einem Unternehmen ist, das gerade übernommen wurde und deshalb eine große Umstrukturierung durchmacht. Jake's Abteilung ist eine von vielen, die von den Veränderungen betroffen sein werden. Jake war zunächst überwältigt und ängstlich, aber er beschloss, sich auf die anstehende Aufgabe zu konzentrieren, nämlich die Arbeitsplätze seines Teams zu sichern und ihnen zu helfen, die Veränderungen zu bewältigen.

Jake fand sich mit der Erkenntnis ab, dass er die Situation nicht kontrollieren konnte, aber er konnte immerhin seinen Fokus kontrollieren. Also beschloss er, ruhig zu bleiben und sich nicht von der Ungewissheit der Situation aufzehren und kontrollieren zu lassen. Er konzentrierte sich auf die Fakten und Zahlen. Er kommunizierte mit seinem Team. Er suchte den Rat von Experten. Es ist nicht so, dass er die Veränderungen ignorierte und in einem Zustand der Verleugnung verharrte - vielmehr konzentrierte er sich einfach auf die positiven Aspekte der Veränderungen, wie zum Beispiel. potenzielle Wachstumschancen, und versuchte, diese mit seinem Team zu kommunizieren.

Diese Fokussierung half Jake, die Veränderungen effektiv zu bewältigen. Er war in der Lage, sein Team durch die Umstrukturierung zu führen und es gelang so, sich neue Aufgaben im Unternehmen zu sichern. Sein Team berichtete auch, dass es sich sicherer fühlte und den Veränderungen gegenüber positiver eingestellt war, was eine direkte Folge von Jake's Führung und Anleitung war.

Darüber hinaus half Jake's Konzentration ihm auch, in dieser schwierigen Zeit auf sich selbst aufzupassen. Er achtete darauf, Pausen einzulegen, sich um sich selbst zu kümmern und mit seinem Unterstützungsnetzwerk in Kontakt zu bleiben, was es ihm ermöglichte, während der Veränderungen eine positive Einstellung zu bewahren und widerstandsfähig zu bleiben.

Sich zu fokussieren und positiv zu bleiben, hat mir an vielen chaotischen Punkten in meinem Leben geholfen, die Veränderungen zu bewältigen und nach jedem Rückschlag gestärkt zurückzukehren, worauf ich in diesem Buch näher eingehen werde.

4. DIE AKZEPTANZ VON CHAOS & VERÄNDERUNG

Bis zu diesem Punkt hast du idealerweise deine utopische Denkweise geändert und dich darauf eingestellt, dass Chaos und Veränderung unvermeidlich sind. Aber wie ich bereits erwähnt habe, ist es eine Sache, Chaos und Veränderung in der Theorie zu akzeptieren, aber eine andere, sie auch in der Praxis zu akzeptieren.

Wenn wir uns gegen Veränderungen wehren, neigen wir dazu, uns auf das zu konzentrieren, was wir verloren haben oder wovor wir Angst haben, es zu verlieren. Das kann zu Stress, Ängsten und Depressionen führen. Wenn wir Veränderungen hingegen proaktiv annehmen, können wir uns auf den gegenwärtigen Moment und auf die Chancen konzentrieren, die Veränderungen mit sich bringen können.

Nehmen wir Sarah als Beispiel dafür, dass es effektiver und vorteilhafter sein kann, Veränderungen zu akzeptieren, als sie zu bekämpfen. Sarah ist eine erfolgreiche Unternehmerin, die ihr Unternehmen von Grund auf neu aufgebaut hat. Sie hat immer die Kontrolle behalten und immer das Sagen gehabt. Doch nun sieht sich ihr Unternehmen mit neuer Konkurrenz konfrontiert, und Sarah erkennt, dass sie ihre Geschäftsstrategie ändern muss, um wettbewerbsfähig zu bleiben.

Zunächst sträubt sich Sarah gegen die Veränderung und kämpft dagegen an. Sie streitet mit ihrem Team, leugnet die Notwendigkeit von Veränderungen und weigert sich, neue Ideen in Betracht zu ziehen. Die Folge ist, dass ihr Team demotiviert ist, die Umsätze sinken und der Ruf ihres Unternehmens leidet. Sarah kämpft darum, ihr Unternehmen über Wasser zu halten.

Als sich die Situation jedoch verschlechtert, findet sich Sarah schließlich mit der Tatsache ab, dass sie die Veränderung akzeptieren muss. Sie hört zum ersten Mal auf ihr Team und sucht nach neuen Ideen und Strategien, um ihr Unternehmen am Leben zu erhalten. Sie erkennt, dass der Wandel neue Chancen mit sich bringen kann und dass er zu Wachstum und Entwicklung führen kann.

Sarahs Geschäft beginnt nun wieder besser zu laufen. Ihr Team wird motivierter und engagierter, ihr Umsatz steigt allmählich und der Ruf ihres Unternehmens erholt sich langsam. Außerdem wird sie aufgeschlossener und anpassungsfähiger und kann sich besser in der komplexen Geschäftswelt zurechtfinden.

Das zeigt, dass es effektiver und vorteilhafter sein kann, Veränderungen zu akzeptieren, als sie zu bekämpfen. Sarahs anfänglicher Widerstand gegen den Wandel führte zu negativen Folgen für ihr Unternehmen, während ihre Akzeptanz des Wandels schließlich zu positiven Ergebnissen führte.

Damit wird klar, dass wir, wenn wir gegen Veränderungen ankämpfen, die Chance verpassen, zu wachsen und uns weiterzuentwickeln. Wir bewegen uns dann in eine Sackgasse, obwohl die Akzeptanz von Veränderungen zu neuen Chancen führen und uns helfen kann, die Komplexität des Lebens zu bewältigen.

Wenn also Chaos oder Veränderungen nahen, nimm dir eine Pause und erlaube dir, alles zu fühlen, was damit einhergeht: Wut, Angst oder sogar einen emotionalen Zusammenbruch. Sobald du ein gewisses Maß an Gelassenheit verspürst (das zu erreichen kann je nach Schwere der Veränderung und je nach Personentypus einige Zeit dauern), kannst du dich damit beschäftigen, das Chaos und die Veränderung zu akzeptieren. Das Gute und das Schlechte zugleich.

Akzeptiere die Situation, auch wenn sie dir vielleicht nicht gefällt. Akzeptiere, dass sie so ist, wie sie ist, und dass Chaos und Veränderung zum Leben dazugehören. Normale und plötzliche Veränderungen in unserem Leben können und werden eintreten. Schließe Frieden damit und nimm das Chaos an, anstatt es zu bekämpfen.

5. LERNEN & WACHSEN

Chaos und Wandel können für uns manchmal überwältigend sein. Manchmal scheint es sogar unmöglich zu sein, die Auswirkungen zu überwinden und sich an den Wandel anzupassen, es ist jedoch nahezu immer möglich. Um aus Chaos und Wandel zu lernen und daran zu wachsen, müssen wir das Chaos und den Wandel akzeptieren, Frieden damit schließen und uns darauf einlassen. Danach können wir einen Lichtblick in dieser ungewohnten Situation finden.

Wir können etwa beschließen, unsere Glücksfälle zu aufzuzählen, anstatt uns auf das Negative zu konzentrieren. Wir können durch das Chaos navigieren und nach lehrreichen Lektionen suchen. Anstatt zu schmollen und in negativen Gedanken zu versinken oder uns selbst zu bemitleiden, können wir das Chaos akzeptieren, herausfinden, was wir falsch gemacht haben, und es aufarbeiten. Dabei bleiben wir positiv gestimmt, so dass wir es beim nächsten Mal besser machen werden.

Ziehen wir nun das Beispiel von Alex heran. Alex war schon immer ein Stadtmensch, arbeitete im Finanzwesen und genoss das rasante Leben der Stadt. Ein unerwarteter Jobwechsel brachte ihn jedoch in eine kleine Stadt auf dem Land. Zuerst war Alex gegen diese Veränderung, er fühlte sich fehl am Platz und sehnte sich nach dem Stadtleben.

Doch mit der Zeit begann er, die Stadt und ihre Umgebung zu erkunden und entdeckte seine Leidenschaft für die Natur und Outdoor-Aktivitäten.

Er begann, an den Wochenenden zu wandern und Rad zu fahren und fand sogar eine lokale Community, die Gemeinschaftsveranstaltungen durchführte und Geld für wichtige Umweltprojekte sammelte. Durch diese neuen Aktivitäten fand er ein Gefühl des inneren Friedens und der Verbundenheit mit der Umwelt, das er vorher nie erlebt hatte. Außerdem lernte er das langsamere Leben und den Gemeinschaftssinn in der Kleinstadt zu schätzen. Diese unerwartete Veränderung führte Alex zu persönlichem Wachstum und einer neuen Perspektive auf das Leben.

Inmitten des Chaos kann das persönliche Wachstum geradezu aufblühen, sich durchsetzen und ein geradezu unglaubliches Comeback feiern. Im Angesicht des Wandels sind wir gezwungen, uns anzupassen, neue Fähigkeiten zu erlernen, neue Leidenschaften zu finden und zu entdecken, wer wir wirklich sind. Nimm die Veränderung an und werde durch der Mensch der du wirklich sein willst.

PRAKTIKEN, DIE DIR HELFEN, MIT CHAOS UND VERÄNDERUNG UMZUGEHEN

Wenn Chaos oder Veränderungen auf uns zukommen, wollen wir mitunter ausbrechen, allein sein oder schnellstens Ablenkung finden. Im Folgenden findest du praktische Ideen, welche dir Orientierung während schwieriger Phasen bieten:

1. **MEDITATION**

   Die positiven Auswirkungen der Meditation auf die Gesundheit sind wissenschaftlich erwiesen. Meditation ist eine ideale Methode, um mit Angst, Wut, Schmerzen und anderen Emotionen umzugehen. Die Teilnahme an einem Meditations- oder Yogakurs kann dir mental weiterhelfen. Glaube bitte nicht, dass Meditation lediglich bedeutet, eine Wand anzustarren oder Aufzeichnungen zuzuhören. Im Gegenteil, es gibt unzählige Formen der Meditation - vom Tanzen, über lautes Schreien, bis hin zum Betrachten einer Flamme - um nur einige zu nennen. Falls wir nicht die Möglichkeit haben, einen Meditationskurs zu besuchen, sollten wir recherchieren, wie wir das Konzept der Selbsttherapie erlernen können. Meditation ist eine verbreitete Praxis, die schon seit Jahrtausenden genutzt wird, um inneren Frieden und Wohlbefinden zu erlangen. Es gibt viele verschiedene Formen der Meditation, jede davon mit ihren eigenen einzigartigen Vorteilen und Techniken.

   Zum Einen hätten wir da die *Achtsamkeitsmeditation*. Bei dieser Form der Meditation geht es darum, dem gegenwärtigen Moment Aufmerksamkeit zu schenken und sich seiner Gedanken, Gefühle und Umgebung bewusst zu werden. Sie ist eine einfache, aber wirksame Methode, um Stress und Ängste abzubauen und gleichzeitig den Fokus und die Konzentration zu verbessern. Außerdem kann sie dazu beitragen, die Emotionen besser zu regulieren, so dass man seine Gefühle besser unter Kontrolle hat.

Eine weitere Form der Meditation ist die *transzendentale Meditation.* Dies beinhaltet die Verwendung eines Mantras, eines Klangs oder eines Wortes, das während der Meditationssitzung wiederholt wird. Das kann dazu beitragen, den Geist zu beruhigen und ein Gefühl der Gelassenheit zu erzeugen. Transzendentale Meditation reduziert nachweislich Stress und Ängste, senkt den Blutdruck und verbessert das allgemeine Wohlbefinden.

Eine dritte Form der Meditation ist die *Yoga*-Meditation. Diese Form der Meditation ist eine Kombination aus Körperhaltungen und Atemtechniken, die helfen können, Stress und Spannungen im Körper abzubauen. Sie kann auch dazu beitragen, die Flexibilität und das Gleichgewicht zu verbessern und steigert ebenso das geistige und körperliche Wohlbefinden.

Darüber hinaus gibt es auch die *geführte Meditation* zu erlernen, also eine Form der Meditation, bei man von einem Lehrer oder einer aufgezeichneten Stimme durch den Meditationsprozess geführt wird. Das kann besonders für Menschen hilfreich sein, die sich nur schwer konzentrieren können oder denen es schwerfällt, ihren Geist zur Ruhe zu bringen. Geführte Meditation kann auch ein nützliches Werkzeug für Menschen sein, die neu in der Meditation sind und nach Anleitung und Unterstützung suchen.

Und schließlich gibt es noch die Meditation der "barmherzigen Güte", auch bekannt als Metta-Meditation.

Hierbei konzentriert man sich darauf, Gefühle der Liebe zu verarbeiten. Dabei werden Sätze oder Mantras wiederholt, die Liebe und Mitgefühl ausdrücken, wie z.B. „Mögest du glücklich sein"; "mögest du gesund bleiben" oder auch "mögest du dich wohlfühlen".

2. FINDE HERAUS, WAS FÜR DICH FUNKTIONIERT

Menschen neigen dazu, Trost und Ruhe in bestimmten Dingen zu finden, die für sie persönlich so wichtig sind, dass sie in Zeiten des Chaos Halt bieten. Für manche ist dies Musik oder ein bestimmter Ort, für andere ist es Essen oder ein bestimmter Gegenstand. Wenn wir also glauben, dass es etwas oder einen Ort gibt, an dem wir inneren Frieden finden, dann sollten wir keine Zeit vergeuden und uns dieser Möglichkeit zuwenden, um uns anschließend neu auszurichten.

Du kannst dich natürlich auch für rein körperliche Aktivitäten entscheiden, z. B. Sport, Yoga oder Tanzen. Körperliche Aktivität kann Endorphine freisetzen, also chemische Stoffe im Gehirn, welche die Stimmung verbessern und Stress abbauen. Außerdem kann es hilfreich sein, Freunde oder Angehörige um Unterstützung zu bitten, und die Bereitschaft, um Hilfe zu bitten, kann ein Zeichen von Stärke sein.

Letztendlich geht es immer darum, offen zu sein und verschiedene Dinge auszuprobieren, um herauszufinden, was für dich am besten funktioniert. Es kann einige Zeit in Anspruch nehmen, aber wenn du geduldig und beharrlich vorgehst, wirst du Wege finden, die dir helfen, Veränderungen mitsamt Stress besser zu bewältigen.

3. HYPNOTHERAPIE

Hypnotherapie ist ein therapeutischer Prozess, der die Kraft deines Unterbewusstseins freisetzt. Hypnotherapie ist ein Verfahren, um dein Gehirn neu zu verdrahten, alte Glaubensmuster zu überwinden und die Wunden der Vergangenheit zu heilen. Sie dient der Behandlung von Menschen mit medizinischen, geistigen oder psychologischen Störungen oder Stress und hilft, Ängste abzubauen oder traumatische Erlebnisse zu bewältigen.

Während der Hypnotherapie führt der Therapeut den Patienten in einen Zustand tiefer Entspannung und erhöhter Suggestibilität, wodurch Zugang zum Unterbewusstsein ermöglicht wird und positive Veränderungen vorgenommen werden können.

Einer der Hauptvorteile der Hypnotherapie ist ihre Wirksamkeit bei der Behandlung von Stress und Ängsten. Hypnose kann dazu beitragen, die Kampf- und Fluchtreaktion zu reduzieren und die Entspannung zu fördern, wodurch Stress- und Angstsymptome verringert werden können. Darüber hinaus kann Hypnotherapie zur Behandlung von Phobien, posttraumatischen Belastungsstörungen (PTBS) und Panikstörungen eingesetzt werden, die alle in Zeiten extremer und plötzlicher chaotischer Veränderungen auftreten können.

Hypnotherapie wird auch eingesetzt, um mit dem Rauchen aufzuhören, Gewicht zu verlieren und andere Gewohnheiten und Abhängigkeiten zu überwinden. Viele Menschen, die negative und chaotische Veränderungen erleben, nehmen schlechte Angewohnheiten an, um damit zurechtzukommen, z. B. Rauchen, übermäßiges Essen oder sich von anderen Süchten vereinnahmen zu lassen. Indem sie auf das Unterbewusstsein zugreift, kann die Hypnotherapie den Menschen helfen, ihre Denk- und Verhaltensmuster in Bezug auf diese schlechten Angewohnheiten und Verhaltensweisen aufzubrechen, was die Erfolgschancen bei der Überwindung erhöht und die Ursache des Problems beseitigt.

Außerdem kann die Hypnotherapie Menschen dabei helfen, chronische Schmerzen wie Kopf- und Rückenschmerzen sowie Fibromyalgie zu bewältigen, die sich als Reaktion auf negative und chaotische Veränderungen als körperliche Symptome manifestieren können.

Wie wir bereits erörtert haben, kann der Körper mit körperlichen Beschwerden wie chronischen Schmerzen reagieren, wenn der Stress der Veränderung nicht bewältigt wird oder wenn man in einem Zustand der Verleugnung statt der Akzeptanz und Anpassungsfähigkeit verharrt. Die Forschung zeigt, dass Hypnose dazu beitragen kann, die Schmerzwahrnehmung zu verringern und die Fähigkeit des Einzelnen zu verbessern, mit dem Schmerz umzugehen, während gleichzeitig die Ursache angegangen und beseitigt wird.

Hypnotherapie kann auch dazu dienen, das Selbstwertgefühl und das Selbstvertrauen zu stärken. Wenn ein Mensch negative und chaotische Veränderungen erlebt, leidet sein Selbstwertgefühl oft darunter. Vor allem dann, wenn er seinen Job verliert und nicht mehr in der Lage ist, seine Familie zu versorgen oder seine Rolle und Erwartungen zu erfüllen.

Durch den Zugang zum Unterbewusstsein kann die Hypnotherapie Menschen dabei helfen, negative Gedanken und Überzeugungen zu überwinden, die sie möglicherweise einschränken. Sie kann Menschen dazu verhelfen, ein positiveres Selbstbild zu entwickeln und mehr Vertrauen in ihre Fähigkeiten zu haben.

Hypnotherapie ist offensichtlich sehr wirkungsvoll, denn sie kann ein wertvolles Instrument für Menschen sein, die ihr Leben positiv verändern wollen. Es ist jedoch erforderlich, einen qualifizierten Hypnotherapeuten zu finden, der dich durch den Prozess begleitet.

Als zertifizierter Hypnose-Coach kann ich dir versichern, dass die Teilnahme an einer Hypnosetherapie dir helfen kann, mit Chaos und Veränderungen fertig zu werden. Tatsächlich empfehle ich dir sogar ausdrücklich, es einmal auszuprobieren.

4. MIT EINER BEZUGSPERSON ODER EINER SELBSTHILFEGRUPPE SPRECHEN

Gespräche helfen uns bei der Verarbeitung, daher ist es wichtig, jemanden zu finden, dem wir vertrauen. Hierfür eignet sich ein Therapeut oder eine Selbsthilfegruppe. Das könnte uns entscheidend dabei helfen, den psychischen Stress und die Belastungen abzuschütteln, welche der jüngste Wandel für uns ausgelöst hat.

Der Aufbau und die Nutzung einer Selbsthilfegruppe in schwierigen Zeiten und in Zeiten des Wandels ist entscheidend für das emotionale und geistige Wohlbefinden eines Menschen. Eine Selbsthilfegruppe kann ein Gefühl von Gemeinschaft, Zugehörigkeit und Verständnis vermitteln, was in Zeiten von Stress, Angst und Ungewissheit sehr wirkungsvoll sein kann.

Einer der wichtigsten Vorteile einer Selbsthilfegruppe ist die emotionale Unterstützung, die sie bieten kann. Menschen zu haben, die verstehen, was du durchmachst und die bereit sind, dir zuzuhören und ein freundliches oder hilfreiches Wort zu verlieren, kann unglaublich nützlich sein.

Die Möglichkeit, deine Gedanken und Gefühle mit anderen zu teilen, die dich verstehen, kann das Gefühl der Isolation und Einsamkeit verringern, was in schwierigen Zeiten Gold wert sein kann. Eine Selbsthilfegruppe kann zudem praktische Unterstützung bieten. Wenn du zum Beispiel eine schwierige Zeit durchmachst und Hilfe bei der Kinderbetreuung oder anderen praktischen Dingen brauchst, kann dir eine Selbsthilfegruppe oft dabei helfen, diese Dinge zu erledigen. Außerdem kann eine Selbsthilfegruppe Ressourcen bereitstellen, z. B. Verweise auf Fachleute, Bücher oder Websites.

Eine Selbsthilfegruppe ermöglicht dir obendrein, neue Perspektiven zu finden. Wenn du dich mit anderen austauschen kannst, die ähnliche Erfahrungen gemacht haben, wird dir klar, dass du nicht allein bist und dass auch andere schwierige Zeiten durchgestanden haben. Sie können dir dabei helfen, realistische Erwartungen zu haben, die dich letztendlich zum Erfolg führen. Sie können dir eine andere Sichtweise auf deine Situation vermitteln, was besonders dann hilfreich sein kann, wenn du dich festgefahren oder überfordert fühlst.

In Zeiten der Veränderung kann eine Selbsthilfegruppe also ein Gefühl von Kontinuität und Stabilität vermitteln. Wenn sich alles verändert, kann es unglaublich wertvoll sein, eine Gruppe von Menschen zu haben, die für dich da sind. Sie können dir dabei helfen, die Veränderungen zu bewältigen, ein Forum für deine Ideen bieten und dir nützliche Materialien zukommen lassen. Der Aufbau und die Nutzung einer Selbsthilfegruppe in schwierigen Zeiten und in Zeiten des Wandels ist wichtig für dein emotionales und geistiges Wohlbefinden!

Selbsthilfegruppen gibt es in verschiedenen Formen, wie z. B. Online-Gruppen, Selbsthilfegruppen, Therapiegruppen und mehr. Kümmere dich nur darum, dass du die Gruppe findest, die am besten zu dir und deinen Bedürfnissen passt.

Möchtest du das Chaos meistern? Setze noch heute die oben genannten Ratschläge um und beobachte, welche Fortschritte du schon bald im Umgang mit Veränderungen und Chaos machen wirst!

Storm

Learn to love the storm and you can cross an ocean.

Teil Drei

MEINE GESCHICHTE: DIE ANFÄNGE

Lerne, den Sturm zu lieben und du wirst den Ozean überqueren.

Ich schätze besonders die Erfahrungen, die ich gemacht habe, und die Talente, die ich im Laufe der Zeit entwickeln durfte.. Wie nennt man das noch gleich, wenn man aus Erfahrungen lernt? Und warum wollen wir überhaupt, dass immer alles glatt läuft?

„Chaos ist das, was wir in den Momenten erleben, in denen Situationen aus dem Ruder laufen und wir von den Veränderungen überrumpelt werden. Es scheint, als ob ein Plan oder ein Traum seine Struktur verliert, was sich schließlich auf das von uns gewünschte Ergebnis auswirkt. Das geschieht bei jedem anders. Das Chaos führt dazu, dass wir uns aufregen und außer Atem sind - solange, bis wir uns beruhigt haben.“ - Ich.

Das Chaos anzunehmen bietet eine Gelegenheit, etwas zu studieren (einen anderen Teil unserer Existenz oder des Kosmos) und uns das Atmen (das Lebendigsein) zunutze zu machen. Das Leben ist ein Geschenk, das in gute und schlechte Momente verpackt ist.

Es liegt an uns, die Einzigartigkeit aller Momente unter einen Hut zu bringen. Man muss erkennen und studieren. Wir können unser Leben nicht auf Chaos, Schwächen oder Ängsten aufbauen. Stattdessen müssen wir lernen, wie unser Leben verlaufen könnte, wenn wir nicht aufgeben und nicht zulassen, dass das Chaos ein Teil von uns wird.

Es gibt Dinge, die uns mehr antreiben als alles andere auf der Welt. Das erste, was ein Neugeborenes tut, ist zu lernen, wie man sich ausserhalb der schützenden Bauchhöhle zurechtfindet. Instinktiv und in atemberaubenden Tempo lernt das Neugeborene, kreativ meistert es alle die dynamischen Veränderungen, dann als Kind .. und - warum glauben wir als Erwachsenen jemals wir hätten „ausgelernt"?

Das erste, was wir alle nach der Geburt getan haben, war zu lernen.

Durch das Leben habe ich gelernt, dass die Vergangenheit sekundär ist und nicht unser Heute bestimmt. Wenn du deine Vergangenheit in der Gegenwart verankerst, kannst du sie nicht als Geschichte betrachten.

Der Mensch wird vom Leben gesegnet, aber nicht alle Segnungen kommen mit einem Lächeln daher; manche Segnungen sind eben Lektionen für uns und andere. Wir alle glauben, dass wir Großes erreichen können. Niemand will folglich scheitern und den Mangel erdulden müssen.

Vielleicht denken wir deshalb bereits ab morgen anders über die Zukunft nach. Ich habe immer an meine Zukunft geglaubt, auch wenn es oft schien, dass ich nicht viel davon haben würde. Um zu wachsen, muss man das Leben voll annehmen.

Wir haben das Chaos in unserem Leben, das uns stets lehrt, was Gleichgewicht bedeutet und uns dabei auf den Pfad des Wachstums führt. Die Wahrheit zu meiden und die Erkenntnis zu unterdrücken ist das Erste, was uns eine echte Zukunft raubt.

Ich war ein Sonntagskind – an einem Sonntag geboren - aber die Sterne standen nicht günstig an jenem Sonntag in Juli im Nachkriegsjahr 1950.

Wie jeder Andere, der in den 50er Jahren nach dem Krieg in Linz, Österreich, Geborene, wurde ich unsanft mit der harschen Realität konfrontiert. Die Nachkriegswelt ist eine harte Schule. Sie zwingt dich, schnell erwachsen zu werden. Die Unschuld der Kindheit, das verträumte Spielen ist ein ferner Traum. Armut und Not machten nicht Halt vor der Kinderstube.

Sie stieß dich in eine Welt des Chaos und der Zerstörung und zwang dich, zu lernen, dich schnell zurechtzufinden um zu überleben. Die Nachkriegszeit nahm dir den Luxus von Sicherheit und Geborgenheit und lehrte dich, schnell unabhängig zu sein und für dich selbst zu versorgen.

Aber für diejenigen von uns, die gezwungen waren durch diese Lebens-Lehre zu gehen,wissen, dass es dich stärker macht, sowohl körperlich als auch geistig.

(Leider zählt niemand die Opfer, die auf diesem Wege auch zurückblieben…)

Meine Mutter arbeitete in einem Labor im größten Chemiewerk in Linz und war die einzige Verdienerin, da mein Vater noch studierte. Drei neue Familienmitglieder zwangen meine Eltern, uns in einem Säuglingsheim unterzubringen. Ich kam dort hin, als ich 18 Monate alt wurde und blieb bis zu meinem dritten Lebensjahr. Das Leben ohne die Umarmungen meiner Mutter und die Betreuung meines Vaters machte mich emotional ärmer, aber auch selbständiger als die meisten Jungen in meinem Alter. Die Zeit im Säuglingsheim sollte mich noch lange auf verschiedene Weise verfolgen...

Es war nicht leicht, in einem so jungen Alter die Kraft aufzubringen, selbständig zu werden - und es ist sicherlich nicht wünschenswert! Aber das lag weder in der Hand meiner Familie noch in meiner. Ich war gezwungen, mich daran zu gewöhnen, ob ich es wollte oder nicht. Die Situation trieb meine Eltern zu dieser Entscheidung, denn ihnen blieb nichts anderes übrig, um zu überleben. Heute verstehe ich, dass ich diese Erfahrung machen musste, denn sie half mir, als wir später nach Deutschland zogen. Wie in jeder Geschichte sind Not und Widrigkeiten manchmal notwendig, um zu wachsen.

Wir folgten dem Karriereweg meines Vaters, der einen Doktortitel in Chemie erwarb. Häufige Ortswechsel waren die Folge... Das führte dazu, dass ich als Kind alle 12 Monate ein neues Zuhause vorfand. So besuchte ich die Grundschule in Wiesbaden, Wuppertal, in Leonding/Österreich, und Siegburg. Der beste Weg klarzukommen war, sich so schnell wie möglich anzupassen. Nach Abschluss der Grundschule in Siegburg/Deutschland sollte ich meine Schullaufbahn in einem katholischen Internat in Linz/Österreich fortsetzen.

Wenn du denkst, dass es nicht noch widriger werden kann, irrst du dich...

Am schwierigsten war es, die Scheidung meiner Eltern zu verdauen. Ich war gerade 12 Jahre alt, und die Erinnerung daran ist immer noch so präsent, als wäre es gestern geschehen. Trotzdem habe ich es geschafft dies als unvermeidlich zu akzeptieren. Eine weitere schwierige Sache, mit der ich zu kämpfen hatte, waren die Nebenwirkungen meines Akzents. Ich kehrte nach Österreich zurück, nachdem ich in Deutschland auch sprachlich integriert war. Meine Mitschülerinnen und Mitschüler schätzten also meinen deutschen Akzent nicht besonders... Das Wort „Mobbing" war damals noch nicht erfunden...

Nach der Scheidung stieg meine Mutter wieder Vollzeit in den Beruf ein.

Als alleinerziehende, berufstätige Mutter mit 4 Kindern im schönen österreichischen Traun, (inklusive Neugeborenen) war dies sicher eine extreme Herausforderung.

Ich tat was ich konnte, um ihre Berufstätigkeit zu erleichtern. Ich musste schon sehr früh den Erwachsenen in mir zum Vorschein bringen, indem ich zum Beispiel für meine 3 Geschwister kochte und die Kleinste versorgte.

Ich wollte natürlich auch, dass man sich um mich kümmert, aber das war einfach nicht realistisch.

Ich liebte meine Mutter abgöttisch und bewunderte sie.

Alle sollten stolz sein auf mich und so machte ich schnell einen weiteren Schritt im Leben, um einen höheren Schulabschluss zu erwerben.

Mein Vater, mittlerweilen wiederverheiratet, gestattete es mir ein Internat in den österreichischen Alpen zu besuchen, genau gesagt in Bad Aussee.

Ein alter Nazi-Offizier hatte diese Schule einst gegründet. Doch das Prestige lag nicht nur in der Geschichte begründet. Viele zahlungskräftige Schüler besuchten die Schule, weil sie als einfacher Weg zum MATURA bekannt war...

Mein Vater wollte mir diese Internatsschule ermöglichen, dort sollte ich zum Mann heranreifen und außerdem die Matura erwerben.

Schon am Willkommenstag wurde ich „gekeilt", wie es in der Fachsprache hieß.

2 Fraktionen: die coolen „Schlagenden" und die „Katholischen" Mittelschulverbindungen wetteiferten um die jungen Frischlinge. Ich entschied mich in voller Ahnungslosigkeit für die coolen Schlagenden.

Die Degen in unseren jungen Händen empfand ich allerdings nicht als lehrreich.

Eine der Aktivitäten, an denen wir teilnehmen sollten, war genau jenes Kämpfen mit Degen. Es gab Pflicht – und Strafmensuren. Nur ein Kopf- und Lendenschutz bewahrte uns vor ernsten Verletzungen. Es war eine ungesunde und blutige Erfahrung, an der ich pflichtschuldig teilnahm. Eine Strafmensur hinterließ bleibende Schmisse auf der Brust...

Schon als Jugendlicher fand ich das Ganze blöd und dieses Gefühl wirkte sich auf mein laues Verhalten aus. Aber ich wollte eben auch von meinen Mitschülern gemocht werden, und das war der Grund, warum ich mich überhaupt an diesem Nonsens beteiligte.

Ich musste mich von all den unsinnigen Dingen um mich herum abgrenzen, wie zum Beispiel von den Situationen, in denen die Jungs Bier tranken und typisch germanisches Verhalten an den Tag legten.

Um mich selbst zu finden, musste ich mich isolieren.

Nachdem ich ein Jahr lang alles geschluckt hatte, brach ich die Schule ab und arbeitete den Sommer über in einer Fabrik. Für mich endete die Schulzeit, als ich sechzehn war. Zu dieser Zeit war ich bereits auf mich allein gestellt, und das war ja nichts Neues. Ich fühlte mich tatsächlich sogar wohler, wenn ich allein war.

Mir ging es nämlich nicht darum, in der Mentalität eines 16-Jährigen zu verharren, sondern die eines 16-Jährigen zu überwinden, indem ich Dinge besser machte als andere Jungen in meinem Alter. Auch wenn ich mir die Schule in dieser Phase meines Lebens nicht leisten konnte. Ich musste dennoch meinen Weg finden.

War es riskant? Ja. War es das wert? Und ob. Hatte ich mir so ein Leben gewünscht? Nein!

Kein Junge hätte sich diese Art von Entbehrungen gewünscht. Aber das Chaos hat mich gelehrt, was mir in der Schule niemand beigebracht hat! Ich habe mich durch eben jenes Chaos und seine damit verbundenen Komplikationen weiterentwickelt. Ich hätte mir ein friedliches Leben gewünscht, aber ich war nicht in der Lage, mir das zuzugestehen. Um ehrlich zu sein, gab es in dieser Zeit überhaupt nichts Friedliches in meinem Leben.

Zurück zu den Teenagerjahren

Ich war ein großer Kerl, der viel erwachsener aussah. Einige der jungen Lehrerinnen schätzten mich. Sie haben es sogar geschafft mich als „Erzieher“ zu deklarieren und mit ihnen ein Sommerlager für Kinder im Alter von 10 bis 16 Jahren zu betreuen. Zu den Vorteilen ihrer Großzügigkeit gehörte, dass ich von der Stadtverwaltung Linz bezahlt und in die Position eines Betreuers für diese Kinder versetzt wurde. Diese Erfahrung hat mir Spaß gemacht und ich war für diesen langen Sommer sehr dankbar.

Als ich 17 wurde, verpflichtete ich mich zum österreichischen Bundesheer, da ich hier weitere Ausbildung an der Handelsakademie und sichere Unterkunft kombinieren konnte. Schnell entdeckte ich, dass mir alles militärische völlig fremd ist. Exerzieren, Befehle nicht hinterfragen, Gehorchen. Nein, nicht meine Welt! Durch einen befreundeten Journalisten gelang es mir einen für das Bundesheer unangenehmen Presseskandal zu initieren. Danke!, ich durfte abmustern und verzichtete gerne auf eine weitere Karriere beim Bundesheer. Gerade 18 Jahre alt geworden, investierte ich das Abschiedsgeld vom Bundesheer und das 1. Gehalt in einen Führerschein.

Mein erster Job: Ich wurde als Finanzverantwortlicher in einem großen industriellen Malerbetrieb eingestellt.

Meine Aufgabe bestand unter anderem darin, die Löhne der über 100 Mastenstreicher zu berechnen und das Geld zu den Baustellen zu bringen und dort auszuzahlen.

Ich fand es schwierig, die Löhne korrekt zu berechnen und die Kosten für Versicherungen und Steuern sowie alle sonstigen Zu-und Abschläge, sowie manche Lohnpfändung zu berücksichtigen.

Damit hatte ich nicht gerechnet, aber ich stellte mich auf die unvorhergesehenen Umstände ein, die das Leben in seiner chaotischen Natur mit sich brachte. Ich wusste, dass man Gelegenheiten ergreifen musste, und immer wenn es so aussah, als gäbe es keine Chance, wusste ich, dass ich eine Neue schaffen musste.

Das Unternehmen war nicht kleinlich. Ich bekam einen 6-Zylinder Rover 3.0 als Dienstwagen, den ich auch privat nutzen durfte und ein fantastisches Gehalt für mein Alter und meine Qualifikation. Das Unternehmen war gar der Meinung, dass ich der nächste kaufmännische Direktor werden könnte, da die Stelle frei geworden war, weil der frühere kaufmännische Direktor wegen seiner korrupten Einstellung entlassen worden war. Das Unternehmen konnte einen korrupten kaufmännischen Direktor natürlich nicht dulden. Trotzdem hatte ich nicht die Absicht, in diesem Unternehmen zu bleiben. Ich gab eine Anzeige in einer lokalen Zeitung auf und bekam später zwei Angebote: von einer Privatbank und einer Werbeagentur.

Das Leben ist es nicht wert, dass man an einem Ort verharrt. Wir alle glauben an ein gutes Leben, aber niemand will ein hartes Leben. Deine Welt wird nicht untergehen, wenn du dich von diesem Bürojob und von deinem Computer lossagst. Jemand muss die riskanten Parts des Lebens auf sich nehmen. Das Leben bleibt schließlich auch nicht an einem Ort verharrend - es setzt immer wieder Menschen auf die Straße und bringt andere in Machtpositionen nach oben.

Was glaubst du? Würdest du diese Schwierigkeiten anders bewältigen?

Manche wurden mit dem goldenen Löffel geboren, hatten Glück, aber das Können ist es, das sie lange in einer privilegierten Position hält, nicht ihr Geburtsprivileg.

Ich konnte nicht in diesem industriellen Malerbetrieb bleiben. Wäre ich geblieben, hätte man nicht die Möglichkeit gehabt, geeignetere Köpfe einzustellen. Eine Weiterentwicklung hätte für alle Beteiligten nicht stattgefunden. Wenn du dich falsch an einer Kreuzung des Lebens verhältst, wirst du dich leider auf dem falschen Weg wiederfinden, egal woher du kommst.

Das Chaos hat mich großgezogen und mich zu einem selbstbestimmten Menschen gemacht, der auf das Beste hofft - in einer seltsamen Welt, die sich nicht darum schert, wer isst und wer nicht.

Ich musste mich bewegen und entwickeln, bis ich mein Ziel erreicht hatte. Es lag eine weite Reise vor mir, für die ich Kraft brauchte.

Also glaubte ich, dass der nächste Schritt darin bestand, in einer Linzer Werbeagentur einzusteigen. Ich stürzte mich begeistert auf die neue Aufgabe und begann dort als Werbetexter und Korrespondent für ein internationales Netzwerk zu arbeiten. Dies war eine neue Herausforderung, ich hatte mich inmitten des Chaos zu bewähren. Ich musste so optimistisch sein, wie ich konnte. Um ehrlich zu sein, hatte ich so etwas wie Werbetexte schreiben noch nie gemacht und wollte dem Unternehmen gegenüber keine Schwäche zeigen. Das Vertrauen in meine „Schreibkunst“ zog ich daraus, dass ich im Austausch für Zeichnungen bereits mit 14 Jahren, Schulaufsätze für meine Klassenkameraden verfasste...

Zu meinem Erstaunen waren meine Chefs mehr als zufrieden. Ich schrieb meine ersten Werbetexte für Rundfunkspots und Zeitungsanzeigen, erhielt ein eigenes stylishes Büro und durfte sogar die Sekretärin mit den Chefs teilen.

Die Umgebung gibt einem das Gefühl, dass man sich mit sich selbst und anderen entweder wohl oder unwohl fühlt. Wenn ich daran denke, was ich als Nächstes tat, muss ich über mein 18-jähriges Ich lächeln.

Ich fing an, mich wie ein König zu fühlen. Ich betrachtete mich selbst als König und niemand wagte es, mich zu Fall zu bringen. Ich wurde stärker, indem ich aus den Schwierigkeiten lernte, mit denen ich während meines Aufwachsens konfrontiert war. Ich strich mein gemietetes Studio schwarz, installierte Studioleuchten, Kameras und tat so, als wäre ich ein genialer Kreativer. Ich wusste nicht, dass ich mich gerade verraten hatte. Alle jungen Leute in Linz versuchten, sich mir anzuschließen. Mein „Studio“ war die Partylocation in Linz und selbst die feinsten Pinkel wollten nur dabei sein....

Mir gefiel es aber nicht, dass mein Job in der Werbeagentur allmählich langweilig wurde. Das veranlasste mich, nach einer neuen Chance Ausschau zu halten. Mein Traum war es nicht, in einem gemieteten Studio festzusitzen oder bis zur Rente für die Agentur zu arbeiten. Ich wollte mit einem Porsche durch die Stadt fahren!

Ich hatte nachgerechnet, und die Zahl, auf die ich gekommen war, ließ mich ans Auswandern denken! Ich müsste noch 30 Jahre in Linz arbeiten, um mir einen Porsche leisten zu können. Wenn ich das zu meinem Alter als junger Mann addieren würde, dann würde ich mit 49 Jahren mein Traumauto fahren. Ich musste gehen, um mir einen besser bezahlten Job mit interessanteren Kunden zu suchen. Da ich ehrgeizig auf die Stimme in meinem Kopf hörte, wurde mir klar, welche Schritte ich in Zukunft unternehmen musste. Ich entwickelte einen innovativen Ansatz, um das Chaos zu bewältigen.

Ich hatte die Idee, 50 TRESOR -Spielzeug-Plastikboxen ,zu kaufen.

Ich schrieb meine Adresse und meine Telefonnummer auf eine kleine Karte und verschloss diese in dem Spielzeug-Tresor.. Ich schrieb einen frechen Brief, in dem ich meine vermeintlichen Errungenschaften der letzten Jahre, meine Talente und Fähigkeiten beschrieb und würzte dies noch mit einer kräftigen Gagen-Vorstellung

Ich glaubte, dass irgendjemand neugierig und verspielt genug sein würde, um mit der richtigen Kombination den Spielzeug-Tresor zu öffnen.. Die Resonanz auf mein erstes Direct- mail an die führenden Agenturen in Deutschland und Österreich war überwältigend. Was dann kam, war kein Traum, sondern ein Risiko, das sich auszahlen sollte.

Es wird immer einen Preis für den Fall und für das Aufstehen geben. Du entscheidest, welchen Preis du durch die chaotischen Momente für das Leben zahlen willst, denn die Welt wird nicht stehen bleiben, nur weil du aufhörst, deinen Traum zu verfolgen!

Die Welt wird ihre Rotationsbewegung um ihre Achse nicht stoppen, bloß weil du aufgehört hast, aus dem Chaos um dich herum zu lernen. Die Welt dreht sich weiter um die Sonne, um deinem Dasein ein paar stürmische Jahreszeiten zu geben.

Diese zu meistern bedeutet, nicht in den Fluss der Obskurität und des geringen Selbstwertgefühls zu tauchen; es ist ein langer Tauchgang, der dir vielleicht die Kraft raubt und dich deine Entscheidung bereuen lässt. Geh ein Risiko ein, das als kindisch angesehen werden kann. Du wirst nicht sterben, wenn du diesen Schritt wagst. Falls du scheiterst, wirst du daraus lernen, und wenn du das Glück hast, Erfolg zu haben, hast du dafür gearbeitet und musst es genießen.

Ich wurde schließlich von Hamburg bis nach Wien fürstlich eingeladen. Ich war acht Wochen lang unterwegs und meine Reisekosten gingen zu Lasten meiner potenziellen Arbeitgeber. Jeder Arbeitgeber stellte mir die übliche Frage und ich gab eine Gehaltsspanne an, die meiner jugendlichen Fantasie entsprang. Der junge Narr wurde jedoch abgelehnt und ich war ein wenig niedergeschlagen. Mein Preis schien ihnen zu utopisch gemessen an meiner Mappe und meiner Erfahrung Ich musste weiter an mich glauben, um stolz auf mich sein zu können.

Schließlich fand ich einen potentiellen Arbeitgeber und wurde zu einem Vorstellungsgespräch eingeladen. Ich bekam eine

Missing Arm

Stelle als Senior -Werbetexter in Solingen, Deutschland. Mein Gehalt war dreimal so hoch wie in Österreich. Ich verspürte das Bedürfnis, der Arbeit mehr Aufmerksamkeit zu schenken und wurde zunehmend fleißiger.

Ich weiß, was es heißt, die Karriereleiter hochzuklettern und nicht nach unten zu schauen. Ich bin zielstrebiger geworden und das hat meine Produktivität deutlich erhöht. Ich arbeitete weiter und verbesserte mein Zeitmanagement. Meine Arbeitgeber waren so zufrieden, dass sie mein Gehalt nach neun Monaten in der Agentur erhöhten. Ich ließ dennoch nicht nach.

Nach sechs Monaten arbeitete ich für einen Kunden, der einen großen ESSO-Vertrieb führte. Ich machte Direktwerbung für ihn, was mir den Weg ebnete, es in enger Zusammenarbeit weiter nach oben zu schaffen.

Jeder wollte damals direkt mit dem großen Boss zusammenarbeiten...

Ich liebte es, vehement an das Tor des Erfolges zu klopfen und weigerte mich, mich als Jungspund zurückhalten zu lassen. Und so ergriff ich die notwendigen Chancen, etwas zu verändern, indem ich die Dinge nicht akzeptierte, die meine Umgebung prägten.

Das Konzept des „fehlenden Arms“

Verschwinde, du Krug des Elends. Jeder im Himmel und auf Erden soll heute Zeugnis ablegen. Ich werde mir niemals gestatten, von dir zu trinken, selbst wenn ich darüber einen Arm verliere.

Der fehlende Arm beschreibt das Fehlen eines wesentlichen Puzzelteiles um das Ende der Abhängigkeit zu erreichen. Nur ihm obliegt die Kraft, sich selbst zum Erfolg zu führen. Es ist gut, unabhängig zu sein, aber man muss stets beachten, dass es Menschen gibt für die Sicherheit und Geborgenheit mehr zählen.

Das soziale Netz und der generelle Lebensstil behindern die Sicht vieler, was eine Kluft zwischen Arm und Reich geschaffen hat. Die Vergangenheit zu vergessen, ist etwas anderes, als aus der Vergangenheit zu lernen. Es verhindert, die richtigen Schlüsse zu ziehen und einen zielstrebigen Weg für eine erfolgreiche Zukunft zu beschreiten. Wenn du nicht versuchst, den Weg zu deinem fehlenden Arm zu finden, kann es passieren, dass du dein ganzes Dasein auf diesem Planeten mit diesem Handicap fristest.

Der Reichtum und der bessere Lebensstandard, den wir anstreben, werden nicht zum Tragen kommen, wenn wir ihn nicht aktiv in diese Welt (also in unser Leben) bringen. Reichtum kann nicht für sich allein stehen; er muss einen Menschen ergänzen.

Der unfruchtbare Verstand hat sich damit abgefunden, ein Sklave des Chaos zu sein, das um ihn herum tobt und eigensinnig agiert. Es ist wie mit einer wilden Katze, die gezähmt und in einen Zoo gesteckt werden kann. Ich möchte stattdessen, dass wir sie umarmen und streicheln. Die verschiedenen Gesichter, die sie uns immer wieder offenbart, werden sich wandeln und das Tier wird sich immer wieder aus unserem Griff befreien wollen. Lasse nicht nach in deinem Bestreben, das Tier zu streicheln.

Du bist dazu bestimmt, es zu beherrschen und nicht andersherum. Ich habe das, was geschehen ist, auf diese Weise angenommen und die widerspenstige Katze gezähmt.

Ich bin immer noch am Leben und stehe immer noch dem Raubtier gegenüber, aber ich bin dadurch zu einem Mann gereift - auch, wenn das Eigensinnige, das Wilde, immer wieder versucht, meinem Griff zu entkommen. Was uns Menschen unterscheidet ist, wie viel wir für den Erfolg zu geben bereit sind und wie viel Beharrlichkeit wir dabei investieren.

Neid ist nicht der richtige Ratgeber in einem Moment, in dem man nach einem fehlenden Arm sucht. Heutzutage haben die Menschen so viel Angst vor dem Raubtier, dass sie ständig auf den Panikknopf in ihrem Kopf drücken. Sie geben entweder auf oder entwickeln Ängste, weil sie ihre Zukunft auf ihre Schwächen und nicht auf ihre Stärken gründen.

Furcht und Angst sollten nie meine Lehrmeister sein. Stattdessen habe ich mich entschieden, die Umstände um mich herum zu akzeptieren und nach meinen Vorstellungen zu formen. Manchen Menschen steht jedoch ihr Stolz im Wege, der sich nicht in Ehrgeiz oder etwas Fruchtbares verwandeln lässt.

Ich möchte betonen, dass mir diese Überzeugung nicht einfach in die Wiege gelegt wurde. Stattdessen war es etwas, das ich mir erarbeiten musste, damit ich meine Situation endlich ändern konnte.

Gib die Suche niemals auf

Auch heute bin ich noch auf der Suche nach meinem „fehlenden Arm“. Zunächst fand ich Einen, als ich in der Werbeagentur gearbeitet habe. Ein Gehalt macht niemanden reich, doch es kann einem Sicherheit geben. Man kann einen Grundstein legen und in Dinge investieren, von denen man glaubt, dass sie eine Perspektive haben.

Die Mehrheit der Menschen wird diejenigen loben, die Ihnen ihre fehlenden Arme für sie bereit hält, statt selbstständig nach einem passenderen Exemplar zu suchen. Der beste Lehrmeister ist das Leben selbst und dazu gehört auch das ganze Chaos. Man muss geistig und körperlich stark genug sein, um sich aus der falschen Umgebung und den damit verbundenen Fesseln zu befreien.

Höre auf deine innere Stimme

Die Leute werden dir unaufhörlich Vorschläge machen, welche dich eher verwirren als dir eine Richtung zu geben. Ich bin mit dem Wissen aufgewachsen, dass die einzige Person, die mich und meine Träume gut genug verstehen konnte, ich selbst war. Ich wäre es, der primär von eigenen, zielgerichteten Bemühungen profitiert. Die Stimmen von außen können jedoch unmöglich so laut sein, wie die in deinem Kopf.

Du kennst dich selbst am besten und weißt, dass du es sein wirst, der den Misserfolg zu spüren bekommt, wenn du dich jetzt aufgibst. Stell dir das einmal so vor: Auf deine innere Stimme zu hören ist wie das Einschalten eines Radiosenders, zu dem nur du Zugang hast. Es ist ein Kanal, auf dem deine Intuition spricht, deine innere Weisheit flüstert und dein wahres Selbst singt. Wenn du auf diese Dinge hörst, kann dich das alles auf den Weg der Selbstentdeckung und Erfüllung führen. Also leg deine Ohren an und lass deine innere Stimme dein Kompass sein!

Auf deine innere Stimme zu hören, ist eines der wichtigsten Dinge, die du für dich tun kannst. Sie ist die Stimme deiner Intuition, deiner inneren Weisheit, und sie führt dich immer zu deinem wahren Lebensziel. Sie ist die Stimme, die dich daran erinnert, wer du bist und was du zu erreichen vermagst. Sie ist die Stimme, die dir sagt, wann etwas nicht richtig ist und wann es sich lohnt, für etwas zu kämpfen.

Es ist nicht immer leicht, auf deine innere Stimme zu hören. Tatsächlich kann der Lärm der Welt um uns herum den Klang dieser Stimme völlig übertönen, aber dennoch ist es eine Fähigkeit, die mit Übung und Geduld kultiviert werden kann. Das erfordert, dass du im Moment präsent bist, deinen Verstand zur Ruhe bringst und auf deine innere Stimme hörst.

Du musst ehrlich zu dir selbst sein, zugeben, wenn du dich geirrt hast, und die Verantwortung für dein Handeln übernehmen. Es verlangt von dir, dass du dir selbst treu bleibst, für das eintrittst, woran du glaubst, und dein Leben mit Integrität lebst.

Wenn du auf deine innere Stimme hörst, wirst du feststellen, dass dein Leben sinnvoller und erfüllender wird. Du wirst feststellen, dass du bessere Entscheidungen triffst und dass du deine Ziele und Träume erreichen kannst. Du wirst feststellen, dass du widerstandsfähiger bist und Herausforderungen mit Anmut und Leichtigkeit meistern kannst.

Auf deine innere Stimme zu hören, hilft dir auch, bessere Beziehungen aufzubauen, da du deine Bedürfnisse und Grenzen klar kommunizieren und dich in andere einfühlen kannst. So kannst du in deinen Interaktionen authentischer sein und tiefere Verbindungen zu den Menschen in deinem Leben aufbauen.

Beachte jedoch, dass du bereit sein musst, Risiken einzugehen, aus deiner Komfortzone herauszutreten und dir selbst zu vertrauen, um deiner inneren Stimme effektiv zuzuhören. Das kann bedeuten, dass du alte Muster loslassen und neue Wege einschlagen musst. Aber mit jedem Schritt, den du machst, wirst du feststellen, dass du mehr und mehr mit deiner inneren Stimme in Einklang kommst und dir selbst immer treuer wirst.

Auf deine innere Stimme zu hören, ist also ein wesentlicher Aspekt der Selbstfindung und des persönlichen Wachstums. Es ist die Stimme, die dich zu deinem wahren Ziel führt und dir hilft, Entscheidungen zu treffen, die dir am besten dienen. Du wirst feststellen, dass dein Leben sinnvoller und erfüllender wird und dass du dich im Chaos der Welt zurechtfindest. Aber all das ist sicher leichter gesagt als getan. Welche Techniken können wir anwenden, um sicherzustellen, dass die Stimme, auf die wir hören, authentisch ist? Woher wissen wir, dass sie von uns selbst kommt und nicht eine Mischung aus den Gedanken und Gefühlen anderer darüber ist, was wir tun sollten?

Um auf deine innere Stimme zu hören und nicht auf die der anderen, brauchst du Selbstbewusstsein und Disziplin. Diese kannst du entwickeln und verbessern, indem du

Achtsamkeitstechniken anwendest, bei denen du im Moment präsent bist und deinen Gedanken, Gefühlen und Körperempfindungen Aufmerksamkeit schenkst. So kannst du feststellen, wann deine innere Stimme spricht und wann sie von anderen Stimmen übertönt wird. Außerdem kann es hilfreich sein, dir jeden Tag eine ruhige Pause zum Nachdenken zu nehmen - vielleicht durch Tagebuchschreiben oder Meditation -, um dein authentisches Selbst zu kultivieren.

Eine weitere Möglichkeit, um sicherzustellen, dass deine inhärente Stimme die Oberhand gewinnt, ist es, zwischen deinen eigenen Gedanken und Gefühlen und denen anderer bewusst zu unterscheiden. Das kannst du erreichen, indem du die Quelle deiner Gedanken und Gefühle hinterfragst, anstatt Narrative einfach für bare Münze zu nehmen und davon auszugehen, dass sie den richtigen Weg weisen. So kannst du erkennen, wann du dich von anderen beeinflussen lässt und wann du der Führung deiner inneren Stimme folgst.

Schließlich ist es wichtig, Grenzen zu setzen und deine Bedürfnisse und Wünsche selbstbewusst zu äußern. Das kann schwierig sein, vor allem, wenn du gewohnt bist, die Bedürfnisse anderer über deine eigenen zu stellen, aber es ist ein wichtiger Schritt, um zu lernen, auf deine innere Stimme zu hören.

Diese Art von Denkweise erfordert mehr als nur Gebete, um dich wahrhaftig selbst zu finden. Falls du in diesem Leben eine Chance verpasst hast, verschwende keine Zeit damit, diese zu bereuen! Lebe weiter und erkenne, dass du der Einzige bist, der die Macht hat, dein Leben zu verbessern. Du kannst es dir nicht leisten, dein Leben mit Bedauern zu vergeuden, denn dadurch verlierst du die Kraft, neue Ziele zu realisieren.

Du darfst auch nicht vor den Hürden davonlaufen, die du überspringen musst. Du musst eine Vielzahl von Erfahrungen machen, damit du deine entwickelte Stärke später auch mit anderen teilen kannst. Du bist es dir und deiner Familie schuldig, für ein gutes Leben zu sorgen, und das kann nur geschehen, wenn du deine Energie in die Suche nach deinem "fehlenden Arm" investierst. Geh das Risiko ein! Entweder du gewinnst und hast gut Lachen oder du verlierst und lernst daraus, was nötig ist, um mit Verzögerung zum Ziel zu gelangen.

Ich weiß sehr genau, dass Veränderungen ein unvermeidlicher Teil des Lebens sind, denn ich war mit zu vielen plötzlichen Veränderungen konfrontiert, um sie aufzuzählen, aber jedes Mal habe ich mich ihnen gestellt und mich geweigert, mich von ihnen verzehren zu lassen.

Es ist normal, dass man sich unsicher, ängstlich und sogar eingeschüchtert fühlt, wenn man mit Veränderungen konfrontiert wird. Vor Veränderungen wegzulaufen ist jedoch keine Lösung. Stattdessen ist es essenziell, sich dem Wandel zu stellen und zu lernen, wie man sich an diesen anpasst.

Nur so können wir als Individuen wachsen und uns weiterentwickeln. Die Welt fordert uns heraus, aus unserer Komfortzone herauszutreten und neue Dinge auszuprobieren. Sie zwingt uns, uns mit unseren Ängsten zu konfrontieren und zu lernen, wie wir sie überwinden können. Sie hilft uns, widerstandsfähiger zu werden und ein größeres

Selbstbewusstsein zu entwickeln. Indem wir uns dem Wandel stellen, können wir neue Fähigkeiten erlernen, neue Perspektiven erlangen und die Welt in einem anderen Licht sehen.

Wenn wir uns dem Wandel stellen, können wir auch die Kontrolle über unser Leben übernehmen. Wenn wir jedoch vor der Veränderung davonlaufen, geben wir die Kontrolle ab und lassen zu, dass die Veränderung *uns* kontrolliert. Wenn wir uns jedoch dem Wandel stellen, können wir bewusst entscheiden, wie wir auf ihn reagieren wollen. Wir können wählen, wie wir uns anpassen und die Veränderung für uns nutzen wollen. Das gibt uns das Gefühl, selbstbestimmt zu handeln, und genau das ist erforderlich für unser geistiges und emotionales Wohlbefinden.

Verweigern wir uns dem Unvermeidlichen, verpassen wir auch die potenziellen Chancen, die Veränderungen mit sich bringen. Der Verlust des Arbeitsplatzes zum Beispiel mag wie das Ende der Welt erscheinen, aber er kann auch eine Chance bedeuten, einen besser passenden Job zu finden, ein neues Unternehmen zu gründen oder einen neuen Karriereweg einzuschlagen. Erst wenn wir mit Veränderungen konfrontiert werden, können wir die potenziellen Chancen sehen, die diese mit sich bringen, und sie folglich am Schopfe packen.

Die Vorstellung, nur ein gesichertes, friedliches oder ruhiges Leben zu führen, wird immer ein Irrglaube bleiben. Veränderungen sind vorprogrammiert, und du musst sie anerkennen, daraus lernen und deinen Weg durch den Irrgarten der Veränderung finden. Chaos ist auch notwendig, um seelischen Frieden schätzen zu lernen. Es ist Teil der Galaxie, in der du lebst und du kannst nicht länger leugnen, dass du dich dem jetzt oder später stellen musst. Optimismus im Chaos ist aber das A und O, wenn du nach deinem "fehlenden Arm" suchst.

Wenn wir uns den Veränderungen stellen, öffnen wir uns für Dankbarkeit und Wertschätzung für den gegenwärtigen Moment. Das ermöglicht es uns, Freude und Zufriedenheit in der Gegenwart zu finden, anstatt in der Vergangenheit zu schwelgen oder uns Sorgen um die Zukunft zu machen. Wenn wir hingegen vor Veränderungen davonlaufen, zwingen wir unseren Geist dazu, sich auf das zu konzentrieren, was wir verloren haben oder wovor wir Angst haben. Chancen werden immer durch smartes Handeln und eine positive Einstellung entstehen. Eine davon zu verlieren bedeutet vielleicht, ein Bein zu verlieren, aber sobald eine neue Gelegenheit an die Tür klopft, musst du kriechen lernen, um sie zu öffnen.

Covid-19 und das Unterbewusstsein

Wir dürfen niemals aufhören, nach unserem fehlenden Arm zu suchen. Wenn wir wachsen und uns entwickeln, brauchen wir auch zukünftig neue Hilfsmittel, um unser Wachstum zu vervollständigen. Wir müssen die Menschen um uns herum kennenlernen. Keine Situation hält einen davon ab, nach dem fehlenden Arm zu suchen. *Ich habe auch während des Covid-19-Lockdowns weiterhin nach einem fehlenden Arm gesucht. Ich habe Hypnotherapie studiert und bin nun ein lizenzierter Hypnotherapeut (NGH, USA, Schweiz, Deutschland) und ein Yoga- und Meditationslehrer. Ich begann alle meine Erfahrungen und meine Gedanken in Buchform zu bringen und habe bis heute 31 Bücher in Deutsch und Englisch veröffentlicht. Obwohl Verkaufszahlen kein Gradmesser für Qualität ist, war ich doch stolz als ich die ersten 30.000 Stück verkauft hatte.*

Es existiert kein unüberwindbares Hindernis für die Suche nach deinem fehlenden Arm. Vermeide jedoch Faulheit und Zögerlichkeit. Du musst dich selbst herausfordern, weiter voranzuschreiten und nach den Dingen zu suchen, die dich als Nächstes weiterbringen.

Aber wie erreichen wir das?
Wir wollen uns nun ein paar konkrete Ratschläge ansehen, die du umsetzen kannst, um deinen fehlenden Arm zu finden, oder, anders gesagt, die fehlenden Teile deines Ichs, die du vielleicht irgendwo auf der Reise des Lebens verloren hast.

Covid-19 ist durch unser Leben gefegt und hat eine Spur von Unsicherheit, Isolation und Verlust hinterlassen. Wir wurden gezwungen, uns selbst neu zu definieren, das Vertraute loszulassen und das Unbekannte zu begrüßen. In diesem Prozess haben wir vielleicht Teile unserer Identität verloren, mag sein, aber wir müssen stets fähig sein, uns aufzurappeln, stärker und widerstandsfähiger zu werden als jemals zuvor.

Zunächst ist es wichtig zu erkennen, dass es normal ist, sich in einer solch herausfordernden und beispiellosen Zeit überfordert zu fühlen. Doch wir haben im Laufe den letzten Seiten gelernt, dass es Wege gibt, diese fehlenden Teile von dir (wieder) zu finden und zu nutzen.

Eine Möglichkeit, nach den fehlenden Teilen von dir selbst, bzw. deinem fehlenden Arm zu suchen, besteht darin, innezuhalten und darüber nachzudenken, was sich in deinem Leben seit Beginn der Pandemie verändert hat. Dazu können Veränderungen in deinem Tagesablauf, in deinen Beziehungen und in deiner Lebensphilosophie gehören. Indem du dir diese Veränderungen bewusst machst, kannst du herausfinden, welche Teile von dir vielleicht fehlen und was du erneut erlangen musst.

Außerdem ist es, wie ich bereits erwähnt habe, besonders wichtig, neue Dinge auszuprobieren. Die Pandemie hat viele von uns gezwungen, ihre täglichen Routinen zu ändern, was viele von uns anfangs vielleicht als negativ empfunden haben. Und doch - wenn wir unsere Denkweise ändern, können wir anfangen zu verstehen, dass eine Änderung unserer regelmäßigen Routinen uns erlaubt, neue Hobbys und Aktivitäten in unser tägliches Leben zu integrieren. Das kann dir dabei helfen, neue Leidenschaften zu entdecken und dich mit Teilen von dir selbst wieder zu verbinden, die du vielleicht vergessen hast.

Du kannst zum Beispiel ein neues Hobby wie Malen, Kochen oder Schreiben ausprobieren oder einen Online-Kurs belegen, um eine neue Fähigkeit zu erlernen.

Die Pandemie hat viel Stress und Ängste ausgelöst, denn sie bedeutete eine große Veränderung, die wir alle durchmachen mussten. Die Dinge zu tun, die dich glücklich und zufrieden machen, kann dir dabei helfen, die fehlenden Teile deines Selbst wiederzufinden. Du kannst zum Beispiel Zeit in der

Natur verbringen, Musik hören, ein Buch lesen oder einer anderen Tätigkeit nachgehen, die dir einen Hauch von Freude zurückbringen. Das ist auch eine gute Gelegenheit, um Selbstwahrnehmung zu üben, denn nur so kannst du auch deinen fehlenden Arm wiederfinden.

Da die Pandemie viel Ungewissheit mit sich gebracht hat, ist es nötig, dass du dir selbst gegenüber herzlich und verständnisvoll begegnest, während du durch diese Veränderungen navigierst. Erinnere dich im Zuge dessen daran, dass es normal ist, sich manchmal verloren oder außen vor zu fühlen, und dass es kein Problem darstellt, wenn du im Moment nicht alle Antworten kennst.

Alles, was zählt, ist, dass du bewußt und engagiert bleibst und dir eine Einstellung zulegst, die es dir ermöglicht, vorwärts zu kommen, anstatt angesichts der Veränderungen zu stagnieren. Denke daran, dass wir alle gemeinsam an einem Strang ziehen sollten!

Das Chaos meistern: Eine Kunst, die man nie vollständig perfektioniert

Mein Leben war eine tickende Zeitbombe, die entschärft werden musste, aber niemand war da, um das für mich zu tun. In kritischen Phasen der Erziehung hatte ich keinen Vater, der mir auf die Schulter klopfte, und keine Mutter, die mich auf die Stirn küsste. Ich hatte zwei Elternteile, aber sie waren Gefangene ihrer eigenen Schwächen.

Trotzdem lernte ich, niemandem die Schuld für meine Misserfolge zu geben oder mich nicht an die Auswirkungen des Chaos in meinem Leben zu gewöhnen. Ich zerriss das erste Ticket und behielt ein Stück davon in meiner Tasche. Der Stolz schlug mir mit seiner harten Faust ins Gesicht. Ich erhielt den ersten Schlag und dieser verletzte mich. Ich wusste jedoch nicht, was Ego war und warum ich bereits in frühen Jahren die Gelegenheit bekam, dies zu verarbeiten. Ich bekam das Gefühl, etwas zu haben, woran ich mich aufrichten konnte. Einen Freund, der mir half, die falschen Ideen zu verwerfen und ein weiser Schüler zu werden.

Das Chaos zu meistern bedeutet viel mehr als nur Resilienz aufzubauen.

Resilienz hat für mich einen passiven Ansatz. Man ist in der Lage, das Chaos, das einen umgibt, zu ertragen. Wenn wir uns jedoch darin üben, das Chaos aktiv zu meistern, werden wir die Chancen erkennen - „die fehlenden Arme" auf unserem Weg.

Wenn ich zurückblicke, war nichts so schlimm für mich wie ständiges Verlieren. Die Welt und deine Familie stufen dich als Verlierer ein und du fängst an, den Kopf geduckt zu halten. Das ist etwas, was ich als Kind getan habe. Die anderen Kinder spielten und lachten. Sie hüpften durch die Gegend. Ich war kein besonders spielfreudiger Junge, aber ich verstand das Gefühl des intensiven Glücks, selbst inmitten des Unglücks. Aber der Spaß stand für mich nicht im Vordergrund; er war kein ausreichender Grund, um lange auf der Stelle zu treten.

Die Weisen, die Spaß und Vernunft miteinander verbinden können, werden die anderen, die das nicht können, so lange auf ihrem Niveau verharren lassen, bis kein Spaß mehr übrig ist. Die Welt muss wissen, dass man nämlich aus allem eine Lektion ziehen kann, egal ob es sich um Glück, Erfolg, Reichtum, Produktivität oder Innovation handelt. Ich habe das getan, um meinen Geist auf eine bessere Zukunft vorzubereiten. Der Aspekt des Lebens, den wir als negativ ansehen, ist in Wirklichkeit ein Lehrpfad für Kraft und Ausdauer.

Die wahre Genugtuung besteht darin, den Weg durch den Tunnel zu finden und ihn hinter sich zu lassen. Beachte dabei, dass ich keine Argumente dafür liefern möchte, Negativität zu lieben. Ich möchte vielmehr darauf hinweisen, dass die Welt bereit sein muss, zu akzeptieren, dass auch Negatives zu unserem Erfolg gehört. Das Positive erntet den ganzen Ruhm für sich selbst. Der Erfolg hat seine Villa auf dem höchsten Punkt errichtet. Das Scheitern hingegen ist der Immobilienmakler, der den Menschen Häuser vermittelt, in denen sie wohnen können. So übel er auch sein mag, sein Ruhm führt dazu, dass alle, auch die in der Villa, von ihm sprechen. Sie wollen nicht mit dem Misserfolg konfrontiert werden. Aber es hilft ihnen zu erkennen, wie wichtig es ist, geistig stark und bereit zu sein, sich durchzusetzen, um die Villa der Träume zu finden.

Der wahre Lehrer wohnt nicht mit dir dort oben. Der wahre Lehrer wohnt am Fuße des Hügels und baut das Anwesen aus. Er hat ein Auge auf alle, die sich auf dem Grund befinden, und stattet der Villa einen Besuch ab, um die dort lebenden Menschen auf die Probe zu stellen. Er will die Meister unter seinen Schützlingen züchten und nicht diejenigen, die sich fürchten. Riskante Geschäfte sind das, was das Scheitern anzieht, doch eine Einladung für den VIP-Platz erhält man nur, wenn man das Spiel lernt und beherrscht.

Lerne zu schwimmen

Ich habe meine erste Agentur mit zwanzig Jahren gegründet. Für manche Menschen ist das eigentliche Problem nicht das Eingehen von Risiken, sondern das Erkennen der richtigen Risiken. Das liegt vor allem daran, dass man nicht alle Risiken eingehen sollte, egal wie weit man schon gekommen ist. Dies war der Hauptgrund, warum ich meine Agentur GBK+Partner (Gassner, Bachem, Kubiak und Partner) gegründet habe. Ich fing an, an den Fäden zu ziehen, die mit dem fehlenden Arm verbunden waren und es gelang mir schließlich, eine große PR-Story in der führenden Werbezeitschrift zu platzieren - ein ganzseitiger Artikel.

Ich wusste, dass man manche Risiken nicht alleine eingehen sollte und dass man für den Erfolg auch andere Menschen braucht. Als es darum ging, meine erste Agentur zu gründen, dachte ich, dass ich ein tolles Team brauchen würde. Mitstreiter mit der gleichen Leidenschaft. Ich wusste, dass das Scheitern und seine Schergen hinter der nächsten Ecke lauerten. Nach wenigen Wochen fiel mir auf, dass die Leute, die ich zur Gründung der Agentur zusammenbrachte, in einer Hinsicht anders waren als ich: Ich war der einzige Macher, während die anderen nur auf einen Job warteten. Ich wusste, dass mein Antrieb größer war als der ihre, weil sie sich mental bereits limitiert hatten. Das Einkommen der Agentur bestand ausschließlich aus meine Textarbeiten. Die Honorare waren üppig und das weckte Begehrlichkeiten bei meinen Partnern, die nichts dazu beigetragen hatten. Schade, das konnte so nicht gut gehen und so verabschiedete ich mich wieder aus dieser Station meines Lebens.

Ich war erst zwanzig Jahre alt, aber ich baute die Agentur aus den Tiefen meines Wesens heraus auf, um sicherzustellen, dass ich nie wieder neu anfangen müsste. Ich wollte der Herr über meine Gefühle werden. All das Chaos hatte das Potenzial, meine Gefühle negativ zu beeinflussen, aber ich gab ihm nie die Autorität über meine Gefühle und mein Leben.

Sokrates sagte einmal: *"Bildung ist das Entzünden einer Flamme, nicht das Füllen eines Gefäßes."*

Ich hatte vielleicht die Schule abgebrochen, aber nicht meine Träume! Der Unterschied zwischen denen, die es nach dem Schulabbruch schaffen, und denen, die es nicht schaffen, besteht darin, ob der Traum am Leben erhalten wird und ob der Einzelne ihm nachjagt. Die Erfahrungen aus meinen beiden Leben haben mich reif genug gemacht, um Entscheidungen über bestimmte Dinge mit geschlossenen Augen treffen zu können.

Pythagoras meinte: *"Mensch, erkenne dich selbst!"*
Das hat mich dazu gebracht, den Schmerz zu überwinden, wenn ich mich in Situationen der Verzweiflung befinde und ich war verzweifelt nachdem ich erkennen mußte, dass ich allein am Steuer und am Ruder saß.

Man muss zunächst sich selbst verstehen, bevor man anderen helfen kann, sich selbst so zu sehen, wie man wirklich ist.

Trotzdem nahm ich mir Zeit und machte weiter mit dem, was ich am besten konnte. Nach drei Monaten wurde ich von einer berühmten Werbeagentur in Düsseldorf als leitender Werbetexter eingestellt.

Ich arbeitete ab sofort für die großen Kunden in Deutschland. Es herrschte eine sehr professionelle Atmosphäre. Damals arbeitete ich direkt mit einem Art Director zusammen. Ich war ein Schulabbrecher, der nie die nötige Erfahrung hatte, um dort zu sein, wo er war. Doch ich arbeitete mit Profis zusammen, die einen soliden Bildungshintergrund hatten. Ich ermutigte mich selbst, alle Probleme zu überwinden, mit denen ich konfrontiert wurde, mit den Worten, die ich immer noch jedes Mal höre, wenn ich vor einer neuen Herausforderung stehe: „Wenn ich zur Schule gegangen wäre, wäre ich nicht dahin gekommen, wo ich jetzt bin."

Während meine Altersgenossen noch zur Schule gingen, versuchte ich, mich in einem Berufsfeld zurechtzufinden, das auch Hochschulabsolventen anstrebten. Was am meisten zählte, war die Tatsache, dass ich lesen und schreiben konnte. Bildung findet nicht nur in den vier Wänden eines Klassenzimmers statt. Bildung kann man überall um sich herum erwerben.

Ein besonderer Abschnitt meiner Geschichte begann, als ich in eine schicke Wohnung in der Drakestrasse in Düsseldorf, als Nachbar des Ausnahmekünstlers Joseph Beuys zog. Es entwickelten sich freundliche Gespräche über die Mauer. Unvergessen ist sein Filzhut und das Fettbild, das er mir schenkte.

Ich liebte die Agentur, aber ich merkte, dass ich hart arbeiten musste, während mein Creative Director stets betrunken zur Mittagszeit auftauchte. Das war damals für mich ein Grund zur innerlichen Kündigung..

Reite auf der Welle der Möglichkeiten

Dies veranlasste mich, anderweitig nach einer neuen Stelle zu suchen. Ich arbeitete mit Leib und Seele, während sich jemand anderes bis zur Besinnungslosigkeit betrank und dann meine Arbeit als die seine präsentierte. Ich gab alles, um meine Produktivität zu steigern und suchte weiter nach dem nächsten fehlenden Arm. Ich fand ihn im Alter von 22 Jahren. Zumindest dachte ich das, als mich eine namhafte Boutique-Agentur als Senior-Texter einstellte, mit dem Ziel, der nächste Creative Director zu werden. Allerdings war mir die Atmosphäre dort zu elitär, zu seelenlos, zu steril, deshalb kündigte ich meinen Job dort in der Hoffnung, woanders landen zu können.

Ich wurde direkt in der Agentur nebenan als Creative Group Head (Teamleiter) engagiert. Die WerbeCompany fusionierte mit WERBE ESSEN und damit war der Grundstein gelegt, um für Kunden wie Coca-Cola Deutschland zu arbeiten, um nur ein Beispiel zu nennen. Wir drehten Fernsehwerbung für Scholl-Sandalen in Südafrika und Werbespots auf den Bahamas für Paradise Betten. Zu diesem Zeitpunkt verdiente ich so viel Geld wie nie zuvor.

Mein Erfolg motivierte mich immer mehr und brachte mir mit 24 Jahren die Position des Creative-Director ein. Etwas, das ich niemals zuließ, war Stolz und Selbstzufriedenheit. Ich habe mich weiterhin angestrengt und mich damit abgefunden, zukünftig noch härter zu arbeiten. Dadurch geriet ich in das Visier von Headhuntern. Ich wusste, dass es an der Zeit war, mir einen weiteren fehlenden Arm zu suchen. weil Ich wollte nichts mehr, als einen weiteren Gipfel des Berges erklimmen, von dem ich wusste, dass dort der Erfolg wartete.

Der Grund, warum der fehlende Arm eine unbedingte Notwendigkeit ist, besteht darin, dass er uns in eine höhere Position bringen kann. Man braucht so viele Arme wie möglich, um dorthin zu gelangen. Der eine, an dem man sich derzeit noch festhält, könnte anfangen zu zittern, nachdem er lange Zeit stabil geblieben ist, also müssen wir weiter klettern und stabilere Arme sammeln, um noch höher zu gelangen.

Als ich 26 Jahre alt wurde, bekam ich ein Angebot, das weitaus besser war als jedes andere, das mir zu diesem Zeitpunkt vorgelegt worden war. Ich konnte nicht widerstehen. Der Erfolg rief mich direkt aus der Villa des Hügels zu sich. Die führende Agentur in München war auf der Suche nach einem genialen Kreativstar für ihre größten Kunden: Peugeot, Thomae Pharma, Lotto-Toto, eine große Versicherung und Regierungskunden. Ich wurde verantwortlich für dreißig kreative Köpfe, was mein Gehalt verdoppelte. Ich musste nach München umziehen, um die neue Chance beim Schopfe zu ergreifen und mich daran festzuhalten.

Ich habe praktisch Tag und Nacht gearbeitet und mit Hilfe meines Teams immer mehr Großaufträge für die Agentur DFS+R Dorland gewinnen können. Wenn man auf der Suche nach einem fehlenden Arm ist und man sieht, dass aus der Suche ein Wert entsteht, darf man keine Zeit verschwenden und zögern.

Der Schmetterlingseffekt

Der Schmetterlingseffekt ist ein Konzept aus der Chaostheorie, das besagt, dass kleine Veränderungen der Ausgangsbedingungen große Auswirkungen auf das Ergebnis eines komplexen Systems haben können. Dieses Prinzip wird oft verwendet, um die Unvorhersehbarkeit des Wetters zu beschreiben, aber es kann auch auf soziale und wirtschaftliche Systeme angewendet werden. In diesen Systemen können scheinbar kleine Handlungen oder Ereignisse weitreichende Folgen haben.

Die Forschung hat bewiesen, dass selbst kleine Änderungen im Verhalten oder in der Entscheidungsfindung erhebliche Auswirkungen auf die Ergebnisse des Ganzen haben können.

Eine Studie hat zum Beispiel herausgefunden, dass finanzielle Anreize für sportliche Aktivitäten die Produktivität steigern und die Gesundheitskosten senken. Eine andere Studie belegte, dass kleine Maßnahmen und Anreize die Organspenderate erheblich steigern können.

Das zeigt, wie wichtig das Bewusstsein für Entscheidungen und Verhalten ist. Wenn wir uns unserer Handlungen und der möglichen Folgen bewusst sind, können wir bewusste Entscheidungen treffen, die sich positiv auf uns und andere auswirken. Dazu müssen wir im Moment präsent sein und die Verantwortung für unsere Gedanken und Handlungen übernehmen.

Mit dem Schmetterlingseffekt das Chaos annehmen: Eine Fallstudie

Der Schmetterlingseffekt lehrt uns, dass kleine Handlungen große Folgen haben können. Das kann ein mächtiges Werkzeug sein, um das Chaos in unserem Leben zu bewältigen. Hier sind einige konkrete Beispiele und Anleitungen für dich aufgelistet, wie wir den Schmetterlingseffekt in unserem täglichen Leben anwenden können:

- Beginne mit kleinen Veränderungen: Oft fühlen wir uns von dem Chaos in unserem Leben überwältigt, aber der Schmetterlingseffekt erinnert uns daran, dass kleine Veränderungen einen großen Unterschied machen können. Anstatt zum Beispiel zu versuchen, unsere Ernährung komplett umzustellen, können wir damit beginnen, eine gesunde Entscheidung nach der anderen zu treffen. Mit der Zeit können diese kleinen Veränderungen zu großen Verbesserungen für unsere Gesundheit und unser Wohlbefinden führen.

- Sei achtsam in deinem Handeln: Der Schmetterlingseffekt erinnert uns auch daran, auf unsere Handlungen und die möglichen Auswirkungen, die sie haben können, zu achten. Ein freundliches Wort oder eine nette Geste gegenüber einem Fremden kann zum Beispiel eine positive Dynamik in Gang setzen, die weit über diese eine Interaktion hinausgeht.

- Nimm das Unerwartete an: Der Schmetterlingseffekt lehrt uns auch, dass Chaos eine Quelle der Kreativität und Innovation sein kann. Indem wir uns auf das Unerwartete einlassen, können wir uns für neue Möglichkeiten und Erfahrungen öffnen. Ein neues Hobby auszuprobieren oder einen anderen Weg zur Arbeit zu nehmen, kann zum Beispiel zu unerwarteten Kontakten und Chancen führen.

- Konzentriere dich auf das, was wir kontrollieren können: Auch wenn das Chaos unvorhersehbar ist, können wir uns auf das konzentrieren, was wir in unserem Leben kontrollieren können. Indem wir uns kleine Ziele setzen und bewusst handeln, können wir inmitten des Chaos ein Gefühl von Ordnung und Sinn schaffen. Wenn wir uns zum Beispiel täglich ein Ziel setzen oder Dankbarkeit üben, können wir uns auf das fokussieren, was wirklich bedeutsam ist.

Im gegenwärtigen Moment zu leben ist ein entscheidender Aspekt für ein erfülltes Leben. Der Schmetterlingseffekt, der besagt, dass kleine Handlungen große Auswirkungen haben können, verdeutlicht, wie wichtig es ist, im Augenblick präsent zu sein.

Wenn wir uns unserer Umgebung und unserer Handlungen bewusst sind, können wir bewusstere und wirkungsvollere Entscheidungen treffen. Es ist wichtig zu realisieren, dass ein Leben in der Vergangenheit oder in der Zukunft keine nennenswerten Vorteile mit sich bringt und uns sogar daran hindern kann, in der Gegenwart sinnvolle Entscheidungen zu treffen.

Im gegenwärtigen Moment zu leben bedeutet, dass wir uns unserer Gedanken, Gefühle und körperlichen Empfindungen bewusst sind, sobald sie auftauchen. Es bedeutet, dass wir auf unsere Umgebung achten und uns auf die Welt um uns herum einlassen. Wenn wir ganz in der Gegenwart leben, können wir Dinge wahrnehmen, die wir sonst vielleicht übersehen hätten, und das ermöglicht uns, fundiertere Entscheidungen zu treffen.

In der Vergangenheit oder in der Zukunft zu leben, kann dagegen eine große Quelle für Stress und Ängste sein. Wenn wir über vergangene Ereignisse nachgrübeln oder uns Sorgen über die Zukunft machen, sind wir im Moment nicht ganz präsent. Das kann zu negativen Gedankenmustern führen, die unser gesamtes Wohlbefinden beeinträchtigen.

Um sicherzustellen, dass wir unsere Umgebung bewusst wahrnehmen und in der Gegenwart leben, können wir Achtsamkeitsübungen machen. Achtsamkeit bedeutet, dem gegenwärtigen Moment Aufmerksamkeit zu schenken, ohne ihn zu bewerten. Dies kann durch verschiedene Techniken erreicht werden, z. B. durch Meditation, tiefes Atmen oder einfach durch die Konzentration auf unsere Umgebung.

Eine Technik, die uns helfen kann, negative Gedanken zu überwinden, die unseren Fokus auf die Vergangenheit lenken, ist die kognitive Neustrukturierung. Dabei geht es darum, negative Gedanken zu hinterfragen und sie durch positivere zu ersetzen. Wenn wir zum Beispiel über ein vergangenes Ereignis grübeln, können wir den Gedanken als solchen in Frage stellen, indem wir ergründen, ob es Beweise dafür gibt, die ihn untermauern. Falls es keine Beweise gibt, können wir den Gedanken durch einen positiveren ersetzen.

Eine weitere Möglichkeit, diese Fähigkeit zu beherrschen, ist, Selbstmitgefühl zu üben. Wenn wir freundlich und mitfühlend zu uns selbst sind, sind wir eher in der Lage, im Moment präsent zu sein und bewusstere Entscheidungen zu treffen. Wir können uns in Selbstmitgefühl üben, indem wir nachsichtig reagieren, wenn wir Fehler machen, unsere Emotionen anerkennen, ohne sie zu verurteilen, und uns um unsere körperliche, emotionale und geistige Gesundheit kümmern.

Im gegenwärtigen Moment zu leben ist entscheidend für den Schmetterlingseffekt. Wenn wir gänzlich in der Gegenwart leben, können wir bewusstere und wirkungsvollere Entscheidungen treffen, die erhebliche Konsequenzen haben können.

In der Vergangenheit oder in der Zukunft zu leben, bringt keine nennenswerten Vorteile mit sich und kann uns sogar daran hindern, in der Gegenwart sinnvolle Entscheidungen zu treffen. Um sicherzustellen, dass wir uns unserer Umgebung bewusst sind und in der Gegenwart leben, können wir Achtsamkeitsübungen machen und Selbstmitgefühl üben. Wenn wir diese Fähigkeit beherrschen, können wir ein erfüllteres und sinnvolleres Leben führen.

Außerdem kann der Schmetterlingseffekt dazu beitragen, unsere Denkweise zu ändern und uns zu befähigen, das Chaos zu bewältigen. Indem wir erkennen, dass kleine Handlungen große Auswirkungen haben können, können wir bewusste Schritte unternehmen, um positive Veränderungen zu bewirken. Das kann uns dabei helfen, Schwierigkeiten zu überwinden, die mit dem Chaos verbunden sind, wie z. B. das Gefühl, überwältigt zu sein oder angesichts der Ungewissheit machtlos zu sein.

Wenn wir uns auf das konzentrieren, was wir kontrollieren können, und uns in kleinen Schritten unseren Zielen nähern, können wir mit mehr Selbstvertrauen und Widerstandsfähigkeit durch raue Gewässer navigieren. Der Schmetterlingseffekt erinnert uns daran, dass wir selbst inmitten des Chaos die Macht haben, positive Veränderungen in uns selbst und in der Welt um uns herum zu bewirken.

Ein Mensch, der die Konzepte der Chaostheorie und des Schmetterlingseffekts erfolgreich angewandt hat, um ihr Leben in den Griff zu bekommen, ist Jane, eine 32-jährige Unternehmerin, die damit zu kämpfen hatte, ihr Unternehmen auf die Beine zu stellen.

Jane wollte schon immer ihr eigenes Unternehmen gründen, aber trotz aller Bemühungen schien sie nicht voranzukommen. Sie hatte jede erdenkliche Strategie ausprobiert, von Networking über Werbung bis hin zur Änderung ihrer Produktlinie, aber nichts schien zu funktionieren.

Eines Tages, als sie im Internet nach Inspiration suchte, stieß Jane auf einen Artikel über die Chaostheorie und den Schmetterlingseffekt. Fasziniert begann sie, mehr darüber zu lesen, wie kleine Veränderungen große Auswirkungen haben können und wie scheinbar zufällige Ereignisse den Verlauf unseres Lebens bestimmen können. Beim Lesen wurde Jane klar, dass sie ihr Geschäft völlig falsch angegangen war. Anstatt zu versuchen, ihren Erfolg zu erzwingen, musste sie fortan die Grundidee der kleinen Veränderungen annehmen und das Chaos zu ihren Gunsten arbeiten lassen.

Mit dieser neuen Einstellung begann Jane, kleine Schritte zu unternehmen, um ihr Geschäft zu verbessern. Sie begann damit, ihr Unternehmen mit einem neuen Logo und einem einprägsamen Slogan zu versehen. Außerdem begann sie, zusätzliche Netzwerkveranstaltungen zu besuchen und neue Kontakte in den sozialen Medien zu knüpfen. Zunächst schien es, als würden diese kleinen Veränderungen keinen großen Unterschied machen. Doch dann erhielt Jane eines Tages eine

E-Mail von einem potenziellen Kunden, der ihr neues Logo bemerkt hatte und an einer Zusammenarbeit interessiert war. Von da an ging es Schlag auf Schlag! Janes Popularität in den sozialen Medien wuchs und sie erhielt immer mehr Anfragen von interessierten potenziellen Kunden. Als Jane weiterhin auch kleine Veränderungen vornahm und das Chaos in Kauf nahm, das damit einherging, begann ihr Geschäft zu florieren. Sie stellte neue Mitarbeiter ein und erweiterte ihr Produktportfolio. Ehe sie sich versah, führte sie ein erfolgreiches Unternehmen, das ihre kühnsten Träume übertraf.

Rückblickend erkannte Jane, dass der Schmetterlingseffekt eine große Rolle bei ihrem Erfolg gespielt hatte. Wäre sie nicht über den Artikel über die Chaostheorie gestolpert, hätte sie vielleicht nie ihre Geschäftsphilosophie geändert. Und wenn sie diese kleinen Schritte nicht unternommen hätte, hätte sie vielleicht nie den ersten großen Kunden gewonnen, der alles Weitere ins Rollen brachte. Heute glaubt Jane fest an die Macht des Schmetterlingseffekts und daran, wie wichtig es ist, das Chaos in unserem Leben proaktiv anzunehmen. Sie ermutigt andere, sich in kleinen Schritten ihren Zielen zu nähern und offen zu sein für die unerwarteten Chancen, die sich selbst aus den kleinsten Veränderungen ergeben können.

Janes Erfolgsgeschichte ist ein Beweis für die Macht der Chaostheorie und des Schmetterlingseffekts. Indem sie kleine Veränderungen vornahm und das Chaos zu ihren Gunsten arbeiten ließ, konnte sie die Kontrolle über ihr Leben gewinnen und ihre Träume verwirklichen. Das ist eine Lektion, von der wir alle lernen können, egal ob wir Unternehmer sind oder einfach nur unser Leben auf andere Weise verbessern wollen.

Der Schmetterlingseffekt, die Chaostheorie & das Krisenmanagement

Der Schmetterlingseffekt und die Chaostheorie haben wichtige Auswirkungen auf das Krisenmanagement in herausfordernden Phasen, da sie auf das Potenzial hinweisen, dass kleine Ereignisse größere in Gang setzen können. Wenn du diese Konzepte verinnerlichst, können sich sowohl Einzelne und Organisationen besser auf Krisen vorbereiten und darauf reagieren, egal ob es sich um Naturkatastrophen, Cyberattacken oder Finanzkrisen handelt.

Ein Beispiel für den Schmetterlingseffekt im Krisenmanagement ist der Stromausfall im Nordosten der USA von 2003, der durch einen einzigen Softwarefehler in einem Kontrollraum in Ohio ausgelöst wurde. Dieser Fehler löste eine Kettenreaktion aus, die zu einem kaskadenartigen Stromausfall in weiten Teilen des Nordostens der Vereinigten Staaten und Kanadas führte. Es stellte sich heraus, dass über 50 Millionen Menschen betroffen waren und die Schäden in die Milliarden gingen. Dies verdeutlicht, wie ein kleines, scheinbar unbedeutendes Ereignis in einem komplexen System wie dem Stromnetz große Auswirkungen haben kann.

Ein weiteres Beispiel für den Schmetterlingseffekt im Krisenmanagement ist die Finanzkrise von 2008, die durch ein komplexes Geflecht miteinander verbundener Faktoren ausgelöst wurde, darunter faule Hypothekenkredite, Verbriefungen und die zunehmende Verbreitung komplexer Finanzinstrumente. Wie Nassim Taleb in seinem Buch "Der schwarze Schwan" darlegt, war die Finanzkrise das Ergebnis einer Reihe kleiner, scheinbar zufälliger Ereignisse, die sich zu einem großen und unvorhersehbaren Desaster zusammenfügten. Dies zeigt, wie ein mangelndes Verständnis der nichtlinearen und dynamischen Natur komplexer Systeme in Krisenzeiten zu katastrophalen Folgen führen kann.

Die Chaostheorie hat auch wichtige Auswirkungen auf das Krisenmanagement, da sie die Bedeutung von nichtlinearen Beziehungen zwischen scheinbar individuellen Variablen hervorhebt. Bei einer Naturkatastrophe wie einem Hurrikan zum Beispiel können die Auswirkungen des Sturms stark von Faktoren wie Windgeschwindigkeit, Wassertemperatur und Luftdruck abhängen. Diese Faktoren interagieren auf komplexe und nichtlineare Weise miteinander, was es schwierig macht, die genauen Auswirkungen des Sturms auf ein bestimmtes Gebiet vorherzusagen.[4]

Um diese Konzepte auf unser eigenes Leben anzuwenden, können wir Schritte unternehmen, um die komplexen Systeme, mit denen wir täglich interagieren, besser zu verstehen. Im Zusammenhang mit der Finanzplanung können wir zum Beispiel erkennen, wie wichtig Diversifizierung und Risikomanagement sind, da ein kleines Ereignis wie ein Nachfragerückgang bereits große Auswirkungen auf unser gesamtes Portfolio haben kann.

Ähnlich verhält es sich mit der Cybersicherheit: Wir können erkennen, wie wichtig es ist, unsere Software regelmäßig zu aktualisieren und Maßnahmen zum Schutz unserer persönlichen Daten zu ergreifen, da eine kleine

4 Quelle: Lorenz, E. N. (1996). The essence of chaos. University of Washington Press.

Schwachstelle in unseren digitalen Systemen große Folgen für unsere Privatsphäre und Sicherheit haben kann. Indem wir die nichtlineare und dynamische Natur dieser Systeme erkennen und Maßnahmen ergreifen, um uns auf Krisen vorzubereiten und darauf zu reagieren, können wir die Auswirkungen unvorhersehbarer Ereignisse in unserem eigenen Leben und in der Welt um uns herum abmildern.

Hast du jemals über die Macht der Flügelschläge eines Schmetterlings nachgedacht?

Wie der kleinste Flügelschlag einen Kaskadeneffekt auslösen kann, der sich über Ozeane und Kontinente hinweg ausbreitet und den Lauf der Dinge in einer Weise beeinflusst, die wir niemals vorhersagen könnten? Dieses Phänomen ist, wie wir gelernt haben, als Schmetterlingseffekt bekannt und erinnert uns daran, dass kleine Handlungen eine große Wirkung entfalten können. Wenn uns das Leben also Schwierigkeiten und Widrigkeiten beschert, sollten wir uns an die Flügel des Schmetterlings erinnern und daran, wie sie uns helfen können, Ozeane zu überqueren, Hindernisse zu überwinden und zu wachsen. Denn selbst im Angesicht des Chaos kann unser Handeln einen Kaskadeneffekt erzeugen, der die Welt verändert.

Wappne dich für die Überwindung riesiger Hindernisse

Wir sprechen hierbei von einer vermeintlichen Hürde, die in eine Chance verwandelt werden kann. Kreiere eine Atmosphäre, die dir die Zurückgezogenheit deines heimischen Schlafzimmers voller Geborgenheit erlaubt. Du musst manchmal ein Gelegenheitssucher sein, aber die zweite Möglichkeit besteht darin, selbst Opportunist zu sein.

Wenn du dich in eine Situation begibst, in der es für den Erfolg einfacher wird, dich miteinzubeziehen, wird die Herausforderung angenehmer und weniger herausfordernd, weil du die andere Seite des Lebens bereits kennst: die unbarmherzige Härte...

Man ließ mich wissen, dass Ogilvy Vienna einen neuen kreativen Stern am Himmel suchte. Ich wusste, wie die Situation aussah, und ich wusste, was ich damit anzufangen hatte. Ich hielt meinen Finger in den Wind und bemerkte, dass dieser günstig stand, also nannte ich meinen Preis.

Ich sagte: "Eine Million österreichische Schilling. Netto in bar!" als Basisgehalt und natürlich noch diverse Nebenleistungen wie Firmenwagen ect. Die Gelegenheit war günstig und sie stimmten zu, mir diese Traumgage (man bedenke : 1978!) zu zahlen.

Das gefiel mir, aber schließlich hörte ich auf die Verlockungen von Schmid-Preissler in Grünwald/München, die damals die Top-Marketingagentur in Deutschland war. Ich übernahm die Position des neuen Kreativpartners von Schmid-Preissler, einer Agentur mit erstklassigen Kunden.

Dieser Wechsel brachte noch einige andere Vorteile mit sich: Ich wohnte in einem schönen Anwesen in Grünwald bei München, hatte meine eigene Sekretärin, Assistenten,

Texter, Fotografen, ein fast unbegrenztes Personalbudget und einen Chauffeur, der mich in einem Mercedes-Benz S500 zu Präsentationen und Meetings fuhr. Alles war großartig! Das Gehalt war beeindruckend und ich hatte ein wirklich gutes Verhältnis zum Inhaber der Agentur.

Ich verliebte mich jedoch in meine Assistentin und die Sache ging schief. Es folgte eine unschöne Scheidung. Der Wind hatte sich gedreht. Risse taten sich auf und ich konnte die Entwicklungen nicht länger kontrollieren. Ich wollte also eine andere Richtung einschlagen, mein Headhunter klingelte von nun an Sturm.

Der Wind drehte sich erneut und J.W. Thompson hieß das Ziel, in dessen Richtung er nun wehte. Schon lange suchte man einen Executive Creative Director, der fähig war, die großen Kunden des Unternehmens von der kreativen Kraft der Agentur zu überzeugen, angefangen bei Kraft, Ford und De Beers Diamond. Der Wind schickte sich nun endgültig an, mich nach Frankfurt zu wehen.

Mein erstes Engagement führte mich zunächst aber zur Madison Ave nach New York, um mein Englisch zu verbessern und um mich an ein so internationales Umfeld anzupassen. Ich war im Epi-Zentrum der gesamten Werbewelt angelangt! Ich nahm auch an einem internationalen Talent-Programm teil und schrieb meine ersten Texte und Creativ -Strategien auf Englisch. Zufällig konnte ich einen überzeugenden kreativen Beitrag leisten und damit gelang es den Riesenetat der US Army für J.W.T. zu gewinnen.

Um in einem herausfordernden professionellen Umfeld zu punkten, musst du also auch an deiner Beziehung zu anderen arbeiten. Du kannst nicht alles allein machen. Du musst stattdessen intelligent netzwerken, Beziehungen zu anderen aufbauen und gleichzeitig Grenzen setzen. Die Menschen unter, neben und über dir sollen den Mehrwert, den Du für ihre persönliche Karriere bietest, spüren sich aber nicht dazu verleiten lassen deine Leistung als die ihre zu reklamieren. Keinesfalls solltest du erlauben, dass die „soziale Hängematte“ ausgepackt wird. Wenn du das schaffst, wirst du vielen Menschen Sicherheit vermitteln und sie werden deine Nähe suchen und dich respektieren.

Chaosmanagement & die Veränderungen des Lebens

Meine Zeit in New York hat mir weitere Einsichten in mein persönliches Chaosmanagement ermöglicht. Es ist nie einfach anzufangen, aber auf lange Sicht zahlt es sich aus und deshalb teile ich hier meine Erfahrungen und Konzepte um die Hürden des Lebens zu deinen Gunsten zu verringern.

In Frankfurt fand ich eine sehr feindseligen Atmosphäre vor, die ohne Zweifel von den „übergangenen Talenten“ um mich herum ausging.

Ich war für die größte Unit (Abteilung) mit allen wichtigen Kunden verantwortlich und leistete einen bemerkenswerten Beitrag zum Erfolg der Agentur.

Meine Kollegen hatten aber ein Problem mit meinem Alter - sie hielten mich für zu jung, zu unqualifiziert und für einen österreichischen Naivling.

Diese Vorurteile waren wohl Munition ihrer Kampagne gegen mich. Sie hielten es für einen unglücklichen Zufall, dass ich mich in dieser Position befand und nicht sie. Schmerzlich erinnerten sie sich daran, welche Qualifikationen und Preise, wieviele Überstunden sie investiert hatten und wie lange sie schon erfolgreich waren und vergeblich auf Beförderung warteten. Sie fühlten sich abgehängt und übergangen....

Daraus habe ich jedoch gelernt, dass du deinen Weg gehen musst, auch wenn alle Chancen gegen dich stehen. Das war kein leichtes Unterfangen für mich. Ich bin oft gescheitert, aber ich habe es trotzdem geschafft, und du kannst es auch schaffen. Es erfordert einfach Hingabe und harte Arbeit, besonders wenn die Chancen nicht zu deinen Gunsten stehen.

So sehr mich meine Arbeit auch antrieb und so gründlich ich auch war, ich sah, wie andere sich von ihren Emotionen leiten ließen, die durch Krisen in ihrem Leben entstanden waren, die sie nicht gemeistert hatten. Dennoch sahen sie auf einen Jungen herab, der selten jemanden hatte, der sich um ihn kümmerte, der ihm Liebe gab oder ihn umarmte, wenn er es nötig hatte. Ein Junge, der ohne Essen oder feste Unterkunft einschlafen musste, bevor er sein Leben selbst in die Hand nahm. Ich wusste, was ich zu tun hatte und wie schwer es für mich sein würde.

Ich erkannte, wie ich den Spieß umdrehen konnte - mit Liebe und Respekt. Ich tat so, als würden wir uns näher kommen und ignorierte die Brüskierungen und die kalten Zurückweisungen mit einem Lächeln auf den Lippen.

Ich war nicht für sie tätig, aber ich war mit ihnen aus dem gleichen Grund in der Agentur tätig: „hervorragende Kampagnen für unsere Kunden gestalten". Ich hatte lange darauf gewartet, und ich konnte nicht zulassen, dass die frostige Atmosphäre mich von dem abhielt, wozu ich berufen war.

Durchsetzungsvermögen und eine paradoxe Strategie sind das A und O, wenn man das Ruder herumreißen will!

Ich arbeitete wirklich hart, zollte den Kollegen Respekt und bildete ein kleines Team unter den Mitarbeitern, was dazu führte, dass ich den Respekt und eine schriftliche Laudatio des Vorstandes für Marketing von Ford erntete. Trotz missgünstiger Stimmen – von nun an war ich unantastbar.

Ich arbeitete dort noch einige Monate und beschloss dann, in eine andere UNIT zu als Creative-Director zu übernehmen. Das tat ich, um mich von den ständigen Mobbing Attacken zu erholen und mich mehr auf das kreiren von hervorragender Werbung zu konzentrieren. Ein Bonbon dieses Wechsels war, dass Kraft und De Beers (Diamanten) meine Kunden wurden.

Ich wurde nun mit der internationalen kreativen Koordination betraut und verbrachte mehr Zeit im Flugzeug als im Büro.

Das emotionale Klima war rau und die Kultur im Frankfurter JWT Büro passte irgendwie nicht zu mir.

Nach ein paar Mittagessen fand mein Headhunter die richtige Strategie, um mich zu einer Düsseldorfer Groß-Agentur zu locken, die dringend einen Kreativchef und Geschäftsführer, suchte. Die Agentur bot mir ein fürstliches Gehalt, einen Mercedes 500 als Firmenauto einen üppigen Wohnzuschuß mit Einrichtungspaket und freies Spesenkonto. Es war ein Angebot, dass man einfach nicht ablehnen konnte.

Während ich meine Sperrfrist abwartete, wurde die Agenturgruppe an eine andere große Agenturgruppe verkauft. Das Chaos, das ich befürchtet hatte, trat plötzlich ein: Meine Position in der Agentur wurde in Frage gestellt, aber ich hatte einen Dreijahresvertrag, der bis zu meinem 32. Geburtstag lief und mich üppig absicherte.

Ich beharrte auf Vertragserfüllung und zog nach Düsseldorf. Ich wohnte in dem besten 5-Sterne-Hotels der Stadt und fuhr mit dem Mercedes der Firma herum.

Es gab dort nicht viel zu tun, denn alles war im Umbruch.

Eine Möglichkeit, genau das zu meistern, was Glück und Hoffnung zerstört, besteht darin, Müßiggang und schlechtes Gerede zu vermeiden.

Also wendete ich mich wieder dem Meer des Neuen zu und gründete mit einer Kollegin einen Versandhandel. Dieser hieß Loving Fashion. Wir konzentrierten uns auf exquisite, sexy Dessous für Damen. Ich stellte mir vor, einen sexy Katalog zu produzieren, um allein mit dem Verkauf des Kataloges gutes Geld zu verdienen. Ich ergriff die Initiative und ich war froh, dass es funktionierte. Wir haben allein mit dem Katalogverkauf viel Gewinn gemacht. Der Produktverkauf war dann noch das Sahnehäubchen obendrauf.

Nach einem Jahr des Hin und Her wurde mein Vertrag abgelöst. Ich war bereits 30, in einer komfortablen Position, die mich für die Show, die ich geliefert hatte und die Meere, die ich durchquert hatte, belohnte.

Ich hatte ein dickes Konto, einen Porsche, einen Range Rover, Freizeit und einen erfolgreichen Versandhandel.

Der Erfolg ist wie ein Magnet und zog offensichtlich auch meinen ehemaligen Chef aus München an.

Er wollte, dass ich zu ihm zurückkehre, dass ich wieder für ihn arbeite. Er machte mir ein fürstliches Angebot, das ich vor ein paar Monaten noch freudig angenommen hätte, mit Spitzengehalt, Beteiligung und dem damit verbundenen, großzügigen Gesamtpaket.

Doch ich hielt mir die Ohren zu und vermied den rauschenden Wind, der die abgestandenen Worte in meine Ohren trug.

*Ich lehnte das Angebot schlicht und ergreifend ab, mit sechs Worten in meinem Kopf: **„Ich werde nie wieder angestellt sein.“***

Der Versandhandel boomte. 100 Leute schickten mir täglich 20 Mark in einem Briefumschlag, um einen Katalog zu bestellen. Fleissige Mitarbeiter schleppten jeden Tag Säcke voll Ware zur Post. Das einzige Problem war, die Ware auch zu beschaffen...

Der Versandhandel wuchs und wuchs – füllte mich aber nicht aus.

So machte ich mich als Creative-Direktor selbstständig und platzierte eine große PR-Story in der führenden deutschen Werbezeitschrift: WERBEN&VERKAUFEN.

Beobachte das Meer, auf dem du manövrieren möchtest.

Überlege dir den besten Zeitpunkt, um den Kurs zu ändern. Fehler werden passieren. Aus diesen Fehlern gewinnen wir Erfahrung. Vielleicht werden Steine nach uns geworfen, aber wir halten in diesen Augenblicken unser Schild fest in der Hand. Wir legen uns ein dickes Fell zu und ignorieren die, die uns mit Steinen bewerfen.

Ein Moment kann alles verändern

Was uns das Herz bricht, kann uns später auf den richtigen Weg bringen. Manchmal reicht eine einzige Beleidigung aus, um dies bereits geschehen zu lassen. Ein gebrochenes Herz, verursacht durch eine Person, die wir zu sehr geliebt haben, kann unsere Welt zum Einsturz bringen. Sie kann aber auch unsere bereits zerbrochene Welt wieder in Ordnung bringen. Es braucht einen Tag des Glücks, um all die quälenden Erinnerungen oder Momente unseres Lebens zu vergessen.

Wir können nicht jemanden zwingen, uns zu mögen. Unsere Fähigkeiten enden außerhalb unserer Reichweite. Innerhalb dessen liegt unser Territorium und unsere Herrschaft. Unsere Stimme und unsere Handlungen können der Herrschaft jedoch ein Ende setzen, wenn wir die Macht an eine fremde Instanz abgeben. Es reicht nicht aus, mit etwas anzufangen und am Ende vom eigenen Schatten vertrieben zu werden. Das sollte uns keineswegs davon abhalten, uns in das Reich der Selbstverwirklichung zu begeben, wo wir alles sein können, was wir sein wollen.

Prepare yourself to overturn the sea

Ein einfacher Test kann Aufschluss über den mentalen Zustand vieler Menschen geben. Sicher erinnerst du dich daran, wie du als Teenager zur Schule gingst. Du hast aus irgendeinem zwingenden Grund viel gelernt, um z. B. deine Matheprüfung zu bestehen. Stundenlanges Rechnen, um nach einigen Versuchen auf eine konkrete Zahl zu kommen. Einige andere Schüler waren früher fertig, andere nach dir. Wer den Test als Erster beendete, musste nicht unbedingt durchfallen oder bestehen. Einige hatten es irgendwann satt, ständig nach Lösungen zu suchen und suchten die Antworten auf dem Blatt eines anderen. Manche wussten die Lösungen für die Berechnungen vielleicht nicht, saßen aber trotzdem voller Hochmut auf den Plätzen und brachten zu Papier, was ihnen gerade einfiel.

Das Chaos zu beherrschen bedeutet, Verstand und Intuition in Einklang zu bringen.

5 Typologien sind mir auf meinem Weg aufgefallen, die ich hier kurz vorstellen möchte:

1. **Die statisch denkenden Menschen** sind diejenigen, die von vielen als Ordnungshüter bezeichnet werden. Sie sollten Raum für eine Veränderung geben. Sie erzeugen weitere Menschen wie sie um sich herum und bleiben statisch und fantasielos. Die Welt ist in stetiger Bewegung, aber unsere Denkweise ist starr in der Vergangenheit verankert. So kann man sich nicht in die Gegenwart bewegen, um einen Zugang zur Zukunft zu finden. Die Menschen hier tragen die gleichen Schuhe, obwohl ihre Füße unterschiedlich groß sind. Sie sind gespickt mit limitierenden Traditionen. Sie sind nie für etwas Neues zu haben.

2. **Menschen, die mit allen Mitteln arbeiten,** sind nie für den langen Weg gewappnet, der oft notwendig ist um das Ziel zu erreichen. Ihr Ziel ist das schnelle Leben. Sie haben nicht die Geduld Schwierigkeiten auf den Grund zu gehen. Sie sind nie bereit, die Abläufe zu studieren, um den Sinn dieses Lebens zu verstehen. Sie sind ungeduldig und leicht reizbar. Sie versuchen immer, das zu tun, was sie bei anderen gesehen haben und offensichtlich zum Erfolg geführt hat. Wenn es nicht so funktioniert, wie sie es wollten, sind sie innerlich am Ende. Das sind die Verzweifelten. Je nach Ausmaß ihrer Gier ist die Gefahr groß, dass sie Grenzen überschreiten und als kleine oder große Kriminelle enden. Sie sind immer bereit, Dritten ihre Last aufzubürden. Wenn sie versuchen, sich zu bewegen, werden sie alles tun, um dich zurückzudrängen.

3. **Es gibt eine weitere Kategorie von Menschen, die ich „Sapiens" nenne.** Sie wollen dir nichts wegnehmen und würden dir lieber freiwillig etwas schenken. Die Welt liebt die Sapiens für ihre Weisheit und ihr Urteilsvermögen. Sie sind Meister ihrer Gefühle. Sie haben alles geplant, bevor sie es angehen. Sie sind meist Schriftsteller und Wissenschaftler. Unternehmer finden sie vielversprechend genug, um in sie zu investieren. Wir alle wissen, dass Unternehmer nie etwas ausgeben, ohne an den Nutzen (Gewinn) zu denken. Dieses Verhalten ist weder egoistisch, noch gierig, noch teuflisch. Es führt zu maximaler Effizienz zum bestmöglichen Einsatz von knappen Ressourcen Die meisten Unternehmer sind deshalb gute Ökonomen. Ihr Ziel ist es letzten Endes einen Mehrwert für Alle zu erzielen und WIN-WIN Situationen durch Kreativität zu schaffen.

4. **Die nächste Kategorie sind die Trittbrettfahrer.** Das ist die Gruppe von Menschen, die jemanden haben, der alles für sie tut, und sie sind so eingestellt, dass sie nie anders denken. Sie haben alles. Sie müssen sich um nichts bemühen. Sie erleben genau den Augenblick, nach dem sich die meisten Menschen sehnen, als ihren täglichen Lebensstil. Sie langweilen sich schnell, wenn sie zu lange an einem Ort bleiben. Sie sind auch nicht bereit, dir zu helfen, es sei denn, sie halten es für sehr unbedingt notwendig.

5. **Eine weitere Gruppe bilden die Egozentriker.** Sie versuchen stets, ihre Stärke, Intelligenz und Relevanz zu beweisen. Sie sind die Kritiker der Welt. Sie können deine Träume zerstören. Sie sind nie die beste Wahl, wenn es um die Suche nach Mentoren geht. Es fällt ihnen schwer, ihre Einstellungen für sich zu behalten, und sie werden dir immer ins Gesicht sagen, wenn sie dich geringschätzen. Sie korrigieren nie aus Liebe, sondern eher aus Abneigung und Arroganz.

Diese Menschen wirst du häufig auf deinem Weg häufig antreffen, wenn du versuchst, das Chaos zu bewältigen.

Man kann sich gegenseitig auf gute oder schlechte Weise beeinflussen. Sei dir dessen bewusst und wähle die Kategorie, in die du auch fallen willst. Viele dieser Egomanen haben versucht, die Karriereleiter zu erklimmen, aber die falschen Gedanken und Einstellungen führen früher oder später ins AUS.

Du willst sicher nicht diesem Weg folgen.

Nimm dir Zeit, reflektiere und nutze deine Intuition um aus deiner Situation neue Stärke zu gewinnen.

Das Momentum erkennen

Ich habe viele Jahre für einen Moment gelebt - die Art von Moment, die meinem Leben eine Chance geben könnte, in der Welt des Erfolgs verortet zu werden, trotz der Zustände, die ich beim Aufwachsen erlebte.

Dieses Chaos war es, das mich dazu brachte, den einen Moment zu erkennen, auf den ich hinarbeiten musste. Du kannst den wahren einen Moment nur durch einen solchen Umstand entdecken.

Lauf nicht davor weg. Gehe näher heran! Setz dich nieder und studiere. Erkenne die Schlupflöcher die sich bieten, um den Sturm zu zähmen. Davor wegzulaufen kann Probleme nicht lösen! Wenn du dich jedoch wie ein fleißiger und mutiger Mensch stellst, wirst du das Chaos auf kalkulierte Weise angehen.

Martin Luther King Jr. war einer anderen Art von Chaos ausgesetzt.

Er lebte viele Jahre für einen Moment: um ein Aktivist zu sein. Die Unruhen gaben ihm die Chance, diesen einen Moment zu leben und er wurde dafür berühmt.

Der Begründer der griechischen Philosophie, Sokrates, sagte: "Die Stimmabgabe bei einer Wahl ist eine Fähigkeit, keine zufällige Intuition, und wie jede Fähigkeit muss sie den Menschen systematisch beigebracht werden. Die Bürgerinnen und Bürger ohne Ausbildung wählen zu lassen, ist genauso unverantwortlich, wie ihnen das Kommando über eine Trireme (Schiff) zu geben, die bei Sturm nach Samos segelt."

Ich mache mir Sorgen um die kommenden Generationen, denn viele Menschen sind unentschlossen und und werden ein Kind mit genau dieser Einstellung großziehen.

Viele große Männer und Frauen, die gelebt haben und immer noch leben, haben von dem gelernt, wovor alle anderen davonlaufen, und haben es verstanden, es so zu nutzen, dass es ihre Kreativität zum Vorschein bringt.

Das Momentum nutzen

Pausenlos klingelte mein Telefon nach der großen PR-Geschichte in der deutschen Werbezeitschrift. Viele Agenturbosse wollten mit dem jungen Kreativstar bei ihren Kunden punkten.

Ein Marketingmann, der eine Agentur in München gegründet hatte, wusste, dass ich in München ansässig war. Er ließ nicht locker und überzeugte mich schließlich. Ich sollte sein Partner werden und er schlug mir eine 50/50-Partnerschaft vor. Mit mulmigem Gefühl stimmte ich zu – ich hätte auf meine Intuition hören sollen...

Wir gründeten das Unternehmen als Partner. Ich ließ es anfangs langsam angehen (Geld war ja durch den Versandhandel reichlich da), weil ich andere Pläne hatte und er keine Deals miteinbrachte.

Ich wusste, dass ich besser darin war, die Agentur auf Erfolgskurs zu bringen.

Nach einigen Monaten des Dahin- Dümpelns und auch aus Mitleid (er hatte immerhin für 2 Kinder zu sorgen und musste sich mit einem Mini-Gehalt begnügen), engagierte ich mich mehr. Schnell gewannen wir dank meines Werbeportfolios und des Namens, den ich in der Branche hatte, mehrere größere Etats. Die Dinge begannen sich in der Agentur schnell zu entwickeln. Wenige Monate später, zogen wir aus dem muffigen 2-Zimmer Altbau-Büro in eine schicke Büroetage im Zentrum von München.

Zu dieser Zeit erhielt ich auch einen Anruf von der Werbeakademie München, wo ich als Dozent und Mentor tätig wurde und Student/innen zum diplomierten Werbekaufmann/ frau ausbildete. Außerdem war ich als internationaler Creative Director freiberuflich noch für andere internationale Agenturen tätig, so dass ich nur wenig Freizeit hatte.

Wir wuchsen schnell auf 30 Angestellte, um professionellen Service bieten zu können.

Drei Jahre vergingen und mein Partner nahm den Köder auf, weil er dachte, er hätte genug gelernt, um das Steuer alleine zu übernehmen.

Er fand plötzlich, dass die 50/50-Partnerschaft nicht länger fair war. Er wollte seine eigene Agentur gründen und spekulierte, dass die meisten Kunden mit ihm gehen würden. Er fühlte sich kompetent genug, alle Dinge allein zu regeln

Sein Lieblingssatz war: „Es schadet nix, wenn es kreativ und schön ist"- Kreativität wird völlig überbewertet. Na, ja – die Kunden, die Mitarbeiter und die Branche sahen es wohl anders.

Nach ein bisschen Hick-Hack habe ich ihn schließlich ausgezahlt. Ich habe die Dinge geregelt und die Kunden behalten, ganz im Gegensatz zu dem, was er wohl annahm. Ich hatte Mitleid mit ihm und seiner Karriere, die kurz nach unserer Trennung endete.

Ich war zu diesem Zeitpunkt 35 Jahre alt, und in meiner Agentur lief alles auf Hochtouren. Ich hatte mir vorgenommen, in eine andere Unternehmung zu investieren, etwas, das noch niemand versucht hatte. Das Kapital verschaffte ich mir ,als ich mit Apple Computers zu arbeiten begann. Ich importierte die ersten Rechner direkt aus USA und war damit eine der ersten Agenturen in Deutschland, die die Zeichen der neuen Zeit erkannten. Das Geschäft wuchs und ich wuchs gemeinsam mit.

Ich begann mit der Produktplatzierung in Filmen und gründete eine Medienmarketing-Agentur. Es war eine der ersten professionellen Agenturen, die Produkte in Filmen, Fernsehsendungen und Kinos platzierte. Ich musste mit verschiedenen Filmgesellschaften zusammenarbeiten. Die Dinge endeten allerdings, als ich feststellte, dass die Filmgesellschaften sich nicht an den Vertrag halten wollten und mir die Unzuverlässigkeit bei meinen Werbekunden schadete. Also stieg ich da wieder aus und gründete zusätzlich eine Agentur für medizinisches Marketing in München.

Ich engagierte Marketing-Professoren, medizinische Profis um das Geschäft mit zusätzlichem Know-How zu unterstützen und kaufte eine Firma namens TRIMEX in Zug, Schweiz mit schweizer Geschäftsführer und Infrastruktur. Jetzt begann das Geschäft mit den ganz Großen: wie CIBA, GEIGY und ROCHE.

Wir hatten einen langfristigen Vertrag und eine Lizenz um Millionen von Eisbeuteln zu importieren und exklusiv an diese Pharma-Riesen zu liefern. Es war wie, wenn man Öl findet und das Öl nur so aus der Erde quillt... Die Werbeagentur, nur Eines meiner Unternehmen, expandierte auch schon bald nach Wien. Gemeinsam mit meinem neuen Geschäftspartner gründete ich eine Niederlassung in Los Angeles, USA.

Ich glaube, dass mit unserem Leben nichts falsch an sich ist, es verläuft dynamisch und oft disruptiv.

Der Fluss der Energien manifestiert sich oft neu in einem anderen Tempo.

Der eine wahre Moment ist das Ziel, das sich aus den vielen Jahren ergibt, die man für einen einzigen Moment des Erfolgs gelebt hat. Das Drehbuch deines Lebens kann sich jederzeit ändern.

Die Geschichte ist für mich nicht vollständig, ohne dass ich dir von meinem Fall erzähle.

Die Schulden aus Krediten für den privaten Villenbau überfluteten mich wie ein Tsunami. Ich befand mich plötzlich in einem Moment des Absturzes, den ich nie wollte oder auch nur ahnte. Es war nach menschlichem Ermessen eigentlich unvorstellbar.

*Anfangs beliefen sich meine monatlichen, privaten Fixkosten noch auf etwa 30.000-50.000 US *1990, und ich hatte die absolute Gewissheit, dass dies leicht zu schultern ist und sich auch schnell reduziert.*

Ich hatte mich geirrt.

Innerhalb von nur neun Monaten brach alles, was ich aufgebaut hatte, zusammen. Verträge wurden gekündigt.

Das Management wurde entlassen. Und einige der Unternehmen, mit denen ich zusammenarbeitete, wurden mit anderen fusioniert, während andere verkauft wurden. Die Bank rief ständig bei mir an. Ich dachte über einen Ausweg nach, aber ich konnte keinen finden. Ich verkleinerte den Betrieb und schloss das Büro in Wien. Die vorübergehende Lösung, die mir vorschwebte, sah vor, mein Personal um 80 % zu reduzieren und die Hälfte meiner Büroräume an eine andere Agentur zu vermieten. Alles, was ich hatte und wofür ich stand, war dem Untergang geweiht. Das war ein Chaos pur.

Ich brauchte dringend BARES und investierte mit einem Partner in ein neues Unternehmen. Es handelte sich um ein einzigartiges Projekt auf vier Rädern – ein Show-Mobil -genannt Champagner-Treff - mit großen Video Screens, Sound-System, einer Bar, Gourmet-Häppchen und vielem mehr. Ein Fahrer wurde eingestellt, der den Wagen bediente und ihn in Hamburg und anderen Orten platzierte. Neben dem Agenturgeschäft unterstützten wir an den Wochenenden dann noch die Mannschaft vor Ort als „Aushilfskellner". Nur BARES ist WAHRES – und das half uns über die trockenen Monate.

Langsam lief auch das Werbegeschäft wieder auf kleinem Niveau an.

Wir hatten aber weiterhin Kapitalzufluss nötig. Das brachte mich dazu, mit einem Partner eine Firma namens ProTrade zu gründen. Wir hatten die Vision, „Besuchsfrequenz" an Drogerien zu verkaufen. Wie entwickelten ähnlich dem Tschibo Konzept – Zweitplatzierungs-Displays – auf denen eigentlich drogeriefremde Waren angeboten wurden: z.B. Flugdrachen, Käfertassen, Fahrradhelme ect..

Für dieses Konzept haben wir eine große Drogeriekette in Deutschland gewinnen können. Die überzeugende Überlegung war: mehr Besuchsfrequenz = mehr Umsatz – auch mit Drogerieartikeln.

Zu Beginn lief das Geschäft großartig, aber es entpuppte sich als Horror, als ich erfuhr, dass mein Partner einen Zusatzvertrag unterschrieben hatte, in dem stand, dass alle unverkauften Produkte an uns zurückgeschickt werden konnten.

Ich hatte Kontakt zu einigen neu gegründeten privaten Fernsehsendern und schlug ihnen einen für mich attraktiven Deal vor. Ich überzeugte sie davon, einem PAY-PER- DEAL Geschäft zuzustimmen. (Wir mussten also nur mit einem Anteil an unserem Verkaufserlös für die Sendezeit bezahlen). Innerhalb von 24 Stunden waren unsere Fernsehspots geschaltet und unsere 30 Telefone klingelten pausenlos.

Das Geschäft bestand einfach darin, leere Hotelbetten in der Nebensaison zu füllen. Die teilnehmenden Hotels in vielen europäischen Urlaubsdestinationen lukrierten Umsätze durch den Verkauf von Getränken, Essen und andere Dienstleistungen und konnten so die Saison verlängern. Der sensationell günstige „Übernachtungspreis" blieb bei uns.

Das Geschäft lief leider zu gut, der Cashflow war prima, aber dann kamen all die Probleme, die man als Gastgeber und Veranstalter im Reisegeschäft nur zu gut kennt. Gäste kamen direkt ins Büro um sich zu beschweren, manche kooperierende Hotels erwiesen sich als unzuverlässig und teilten nicht die entsprechenden Kontingente zu.

Es wurde mir schließlich zu heiß und so beschlossen wir, uns zurückziehen, Geld zurückzahlen und die rechtlichen Probleme zu klären. Wir beendeten das Geschäft mit Gewinn zogen uns dann aber aus dem Markt zurück.

Ich war der erste, der in Deutschland leere Betten über Tele-Shopping verkaufte. Aber vielleicht habe ich damit zu früh und ohne viel Wissen über die organisatorischen Aspekte des Geschäfts begonnen. Der Silberstreif am Horizont war jedoch, dass TUI, der größte Player im Reisegeschäft, mich bat, als Berater an Bord zu kommen. Das hat sich am Ende ausgezahlt.

Mit der Familie zogen wir nach Tirol und ich schaffte es, neue Werbe-Kunden zu gewinnen – einige der bekanntesten österreichischen Unternehmen. Ich gründete eine Agentur in meinem Haus in Kirchberg und vermietete meine Villa in München. Außerdem zogen wir in schickere und größere Büroräumlichkeiten in München um und vergrößerten die Mannschaft.

Es lief wieder... und ich konnte mir Privatschulen in England und eine private internationale Universitätsausbildung für meine Kinder leisten.

Ich investierte Unsummen in die Ausbildung der Kinder, vielleicht auch um meine eigene fragmentarische Schulbildung zu kompensieren.

Die Jugendstil- Villa wollte ich schließlich verkaufen, aber die Immobilienpreise waren 1993 im Keller und nur Schnäppchenjäger kamen zu ausgedehnten Besichtigungen. Nein, Danke – ohne mich.

Ich verkaufte die Villa schließlich im Jahr 2007 zu meinem Wunschpreis.

Mit 57 Jahren konnte ich es mir nun eigentlich leisten Danke zu sagen und den Ruhestand zu genießen.

Jedoch blieb ich weiterhin umtriebig und gründete wieder etwas Neues, Brand Architect, parallel zu meiner Werbeagentur für Markenberatung.

Ich ging auf die 60 zu und fand, dass es ein guter Zeitpunkt war, der Werbewelt Adieu zu sagen und Abschied von dieser faszinierenden Branche zu nehmen. Ich verkaufte das Unternehmen erfolgreich und konzentrierte mich auf Markenarchitektur. Außerdem entwickelte sich ein neues Hobby namens Trendguide Media.

Zu jener Zeit war ich Pionier im Medienmarkt und investierte in einen multimedialen Auftritt: gedrucktes Magazin, Apps, interaktives Web usw... Viele wollten Trendguide-Partner werden und an dem sich abzeichnenden Erfolg teilhaben.

Mit der Multimediastrategie war ich auf manchen regionalen Märkten jedoch zu früh dran. Die meisten meiner Partner hielten das Modell auch für eine Geldmaschine, die Ergebnisse ohne eigene große Leistung produziert.

Ohne Engagement und know -how ging die Rechnung in vielen Destinationen jedoch nicht auf. Heute läuft es mit Hilfe einer Assistentin, einiger Freiberufler und einigen selbständigen Partner, die ihr Geschäft verstehen trotz aller Krisen reibungslos.

Die Pandemie bot später eine weitere Chance, neue Wege zu gehen und zu wachsen. Ich hielt meine erste Yogastunde online ab. Weil mir meine erste Erfahrung so gut gefiel, belegte ich Kurse, um ein zertifizierter Meditationslehrer zu werden. Außerdem nahm ich an intensiven Online- und Offline-Kursen des prominenten Hypnose-Experten und Bestsellerautors Gabriel Palacios in der Schweiz teil. Das hat mich zu einem zertifizierten Hypnosetherapeuten, Meditationslehrer und Yogalehrer werden lassen.

Ich bin auch jetzt noch als Coach, Berater und kreativer Kopf für große Unternehmen und einige bekannte Persönlichkeiten tätig. Nebenbei bin ich Business Angel mit meiner eigenen Investmentfirma, Trendguide Capital.

Jetzt ist es an der Zeit, etwas zurückgeben, meine Erfahrungen und die Dinge, die ich auf meiner Reise gelernt habe, mit anderen zu teilen und meine Leser zu ermutigen, ihr volles Potenzial und ihre Träume zu verwirklichen.

Manchmal wollte ich das Glück erzwingen und musste eine Menge Misserfolge einstecken. Die Freude am Lernen, die Lust an der Veränderung ist geblieben ... hoffentlich noch recht lange..

Teil Vier

NAVIGIERE DURCH DAS FAHRWASSER DER VERÄNDERUNG

Sich im chaotischen Wandel der Veränderungen zurechtzufinden, kann sich anfühlen, als würde man gegen den Strom schwimmen. Die Welt um einen herum drückt einen mit jedem Zentimeter, den man sich vorwärts bewegt, zusätzlich zurück. Aber du musst deinem inneren Kompass folgen und deinen Blick auf den Horizont richten. Es kommt darauf an, sich daran zu erinnern, dass du nicht allein bist und dass du die Kraft hast, den Sturm zu überstehen, der auf dich zukommt. Selbst in Chaos und Ungewissheit kannst du Momente der Ruhe und Klarheit finden.

Veränderung ist ein natürlicher Teil des Lebens und kann auch neue Chancen und Wachstum mit sich bringen. Wenn dich also die Welt um dich herum niederdrückt, denke daran, dir selbst treu zu bleiben, weiterzumachen und daran zu glauben, dass die Sonne wieder scheinen wird!

Das Gefühl, in einer Sackgasse festzustecken

Bisher haben wir besprochen, was man angesichts von Veränderungen tun kann, aber wir haben noch nicht geklärt, wie man Veränderungen aktiv herbeiführt, wenn man verzweifelt danach sucht. Was kannst du tun, wenn du keinen Weg findest, vorwärts zu kommen? Wie schaffst du es, dich aus einer Situation zu befreien, die dich runterzuziehen scheint, oder aus einem Umfeld auszubrechen, das deiner Zukunft nicht zuträglich ist?

Sich derartig festgefahren zu fühlen, kann eine frustrierende und überwältigende Erfahrung sein, vor allem, wenn du nicht weißt, wie du dein Leben oder deine Umstände ändern kannst, obwohl du es unbedingt willst. Es kann leicht passieren, dass du das Gefühl hast, in einer Sackgasse zu stecken, ohne Ausweg und ohne klaren Weg nach vorne zu erkennen. Und wenn das passiert, ist der einfachste Weg, einfach zu verharren, wo du bist. Innezuhalten und zu hoffen, dass sich deine Umstände ändern - dass ein Wind aufkommt und dich vorwärts treibt.

Aber das wird fast nie der Fall sein!

Trotzdem ist es wichtig, sich daran zu erinnern, dass dieses Gefühl nur vorübergehend anhält und dass es Wege gibt, dies zu überwinden.

Um dich aus der Sackgasse zu befreien und Veränderungen herbeizuführen, musst du zuerst das Problem identifizieren. Das kann eine gewisse Selbstreflexion erfordern. Versuche herauszufinden, was der Grund dafür ist, dass du dich festgefahren fühlst. Ist es eine bestimmte Situation oder ein Umstand oder ist es ein allgemeines Gefühl der Unzufriedenheit mit deinem Leben? Wenn du herausgefunden hast, was das Problem ist, kannst du dir einen Plan zurechtlegen, der dir hilft, die Ursachen anzugehen und zu lösen.

Beachte, dass die Veränderung, die wir unter diesen Umständen herbeiführen wollen, chaotisch sein wird. Es kann vorkommen, dass es negative Veränderungen braucht, um das gewünschte Ergebnis zu erreichen. Schauen wir uns ein Beispiel an, um diesen Punkt zu verdeutlichen.

Alex ist ein 45-jähriger Buchhalter, der sich in seinem Unternehmen wie in einer Sackgasse fühlt. Er wurde schon mehrmals zur Beförderung vorgeschlagen, aber aus irgendeinem Grund ging die Beförderung immer an jemand anderen - sogar an Mitarbeiter, die noch nicht so lange in der Firma waren wie er. Verwirrt und genervt hat Alex das Gefühl, dass er seit Jahren stagniert und jeden Tag in der gleichen Position mit den gleichen Leuten das Gleiche tut.

Er beginnt damit, das Problem zu erkennen, und erkennt, dass er seinen Job kündigen muss, um seine Situation zu ändern. Das bedeutet jedoch eine enorme Veränderung, denn er wird gezwungen sein, sich in einem für ihn ungewohnten Arbeitsmarkt zu bewerben. Er wird für einige Zeit ohne Gehalt dastehen, sein Leben durch eine völlig andere Brille betrachten müssen und sich dem chaotischen Wandel stellen müssen. Auch wenn dieser Schritt notwendig ist, um voranzukommen, wird die Veränderung, die damit einhergeht, schwer zu bewältigen sein.

Der nächste Schritt, um Veränderungen herbeizuführen, besteht darin, sich konkrete und erreichbare Ziele zu setzen. Kleine, erreichbare Ziele zu setzen, kann dir ein Gefühl für Richtung und Ziel geben. Diese Ziele sollten spezifisch, messbar und erreichbar sein (siehe das Kapitel für den Schmetterlingseffekt). Wenn du zum Beispiel das Gefühl bekommst, dass du in deiner Karriere nicht weiterkommst, solltest du dir vornehmen, verschiedene Jobangebote zu recherchieren oder dich mit Leuten aus deiner Branche zu vernetzen.

Wenn du dich in deinem Privatleben festgefahren fühlst, könntest du dir das Ziel setzen, neue Freunde zu finden oder neue Aktivitäten auszuprobieren, an denen du sonst nicht teilgenommen hättest. Es ist auch wichtig, dass du aktiv etwas unternimmst, um deine Ziele zu erreichen.

Wenn wir uns festgefahren fühlen, neigen wir manchmal dazu, uns in einem Kreislauf des Denkens und Planens zu verfangen, ohne tatsächliche Schritte zu unternehmen, um voranzukommen. Du musst dir vergegenwärtigen, dass Veränderungen nicht von heute auf morgen geschehen, sondern dass sie konsequente Anstrengungen und Taten erfordern.

Mit Entschlossenheit und der richtigen Einstellung bekommst du die Kraft, dich von den Mustern zu befreien, die dich zurückhalten, und das Leben zu bekommen, das du dir wirklich wünschst. Glaube an dich und deine Fähigkeiten und habe den Mut, den ersten Schritt in Richtung der Veränderung zu tun, die du dir wünschst. Denk daran, dass der Weg, der vor dir liegt, lang und steinig sein kann, aber die Reise wird sich lohnen und die Belohnung wird ein Leben voller Erfüllung und Sinn im Leben sein.

Die Welt hat sich gegen dich verschworen

Das Gefühl zu haben, dass die Welt gegen dich ist und dass du mit vielen Veränderungen auf einmal konfrontiert bist, überfordert nicht wenige. Das kann eine schwierige und herausfordernde Zeit bedeuten. Viele Menschen haben ähnliche Erfahrungen gemacht und sind jedoch gestärkt daraus hervorgegangen.

Wenn du das Gefühl hast, dass die Welt gegen dich ist, kann es leicht sein, dass du von negativen Gedanken und Gefühlen überwältigt wirst. Vielleicht willst du aufgeben oder du hast dir eingeredet, dass es keine Hoffnung gibt. Aber es ist wichtig, sich daran zu erinnern, dass diese Gedanken und Gefühle nur vorübergehend sind und dass du sie sicher überwinden kannst, wenn du dich nur darauf konzentrierst.

Das Gefühl, dass die Welt gegen dich ist, kann dir das Gefühl geben, allein zu sein und dich davon überzeugen, dass niemand versteht, was du gerade durchmachst. Es kann schwer sein, das Gefühl abzuschütteln, dass alles gegen dich arbeitet und sich gegen dich verschworen hat und dass du ständig von unsichtbaren Kräften ausgebremst wirst. Behalte jedoch im Hinterkopf, dass du nicht allein bist und dass es Wege gibt, mit diesen Gefühlen umzugehen.

Wenn du glaubst, dass die Welt gegen dich ist, ist es stets am besten, wenn du die Ursache für diese Gefühle ergründest. Ist es ein bestimmtes Ereignis oder eine Situation, die diese Gefühle auslöst, oder ist es ein allgemeines Gefühl der Hoffnungslosigkeit und Hilflosigkeit? Wenn du die Ursache für deine Gefühle verstehst, kannst du sie besser angehen.

Wenn die Veränderung dich bereits erfasst hat

Wir haben über die Auswirkungen gesprochen, die negative Veränderungen auf den Körper haben können und die sich vor allem in Form von körperlichen und geistigen Symptomen bemerkbar machen. Falls diese Auswirkungen unbehandelt bleiben, können sie sich verschlimmern und ausbreiten, was es noch schwieriger macht, sich von ihnen zu befreien, die Perspektive zu ändern und den Wandel anzugehen.

Wenn du dich in dieser Situation befindest, musst du dich wieder aufraffen und auf den richtigen Weg zurückkehren. Das kann bedeuten, dass du die Strategien anwendest, die wir oben besprochen haben, z. B. einen Therapeuten aufsuchen, dich einer Selbsthilfegruppe anschließen, Meditation und Achtsamkeitstechniken anwenden oder in ein Tagebuch schreiben. Du musst zunächst realisieren, dass es ein zu bewältigendes Problem gibt. Dann fährst du fort, indem du einen spezifischen Plan erstellst, der es dir ermöglicht, diese Hürde zu überwinden. Du musst im weiteren Verlauf Fähigkeiten entwickeln, die es dir ermöglichen, dass du beim nächsten Mal bereit bist, dich Herausforderungen zu stellen, ohne dich von ihnen blockieren zu lassen.

Wir haben bereits festgestellt, dass Veränderungen unvermeidlich sind. Mit ein paar zusätzlichen Tricks wirst du in der Lage sein, Veränderungen zu meistern, ohne dich selbst zu verlieren, deine Ziele zu ignorieren oder dich ständig hoffnungslos und hilflos zu fühlen.

Realistische Erwartungen

Bis jetzt hat dieses Buch darauf abgezielt, dich zu motivieren und dir dabei zu helfen, dich mit der Tatsache abzufinden, dass wir Veränderungen nicht ändern können. Wir können sie aber akzeptieren und uns auf uns selbst konzentrieren, wenn wir uns inmitten von schwierigen und chaotischen Situationen befinden. Wir müssen jedoch auch darüber sprechen, wie wichtig es ist, realistische Erwartungen an uns selbst zu stellen, vor allem, wenn wir mit negativen Veränderungen konfrontiert sind, die möglicherweise zu noch mehr negativen Veränderungen, noch mehr Chaos und damit noch mehr Aufruhr in unserem Leben führen können.

Es ist wichtig, realistische Erwartungen zu haben, um Enttäuschungen zu vermeiden und unsere Emotionen besser zu steuern. In der folgenden Fallstudie tauchen wir in die Geschichte von Jane ein, einer jungen Frau, die kürzlich ihren Job verloren hat und nun vor der Herausforderung steht, einen neuen zu finden. Jane arbeitete bereits seit mehreren Jahren in ihrem vorherigen Job und hatte sich in ihrer Rolle stets wohlgefühlt. Aufgrund der aktuellen Wirtschaftslage war ihr Unternehmen jedoch gezwungen, Stellen abzubauen, und leider gehörte Jane zu den Beschäftigten, die ihren Job verloren. Anfangs war sie schockiert und enttäuscht. Sie wusste nicht, wie die Zukunft aussehen würde und fühlte sich hoffnungslos, als sie versuchte, sich in neuen Gewässern zurechtzufinden.

Nachdem sie einige Zeit damit verbracht hatte, über die Situation nachzudenken, beschloss Jane, sich aktiv um eine neue Stelle zu bemühen. Sie begann damit, sich kleine, erreichbare Ziele zu setzen. Sie erstellte eine Liste von Unternehmen, an denen sie interessiert war, und nahm sich vor, zuerst ihren Lebenslauf zu aktualisieren und sich dann jeden Tag auf mindestens eine neue Stelle zu bewerben. Außerdem nahm sie sich vor, jede Woche mindestens eine Netzwerkveranstaltung zu besuchen, die mit ihrem Fachgebiet zu tun hatte.

Jane neigte jedoch dazu, sich große Hoffnungen zu machen, wenn sie auf Stellenangebote stieß, die perfekt zu passen schienen. Sie war begeistert von den Möglichkeiten und stellte sich die Stelle vor, noch bevor sie zu ihrem ersten Vorstellungsgespräch kam. Wenn sie nun die Stelle nicht bekam, fühlte sie sich noch entmutigter. Sie erkannte aber, dass ihre unrealistischen Erwartungen ihr Enttäuschungen und Misserfolge beschert hatten und dass sie ihre Einstellung ändern musste, wenn sie die Veränderungen, die sie erlebte, überstehen wollte. Bis dato fühlte sich Jane demotiviert und hatte keine Lust mehr, länger auf ihre Ziele hinzuarbeiten.

Also änderte Jane ihre Ziele und arbeitete daran, realistischere Erwartungen an sich selbst zu stellen. Anstatt sich große Hoffnungen zu machen, ging sie stoisch und mit einer ausgewogeneren Perspektive an jedes einzelne Ziel heran. Sie erinnerte sich daran, dass die Suche nach einem neuen Job angesichts des aktuellen Arbeitsmarktes Zeit brauchen würde und dass es akzeptabel war, wenn es nicht sofort klappte. Sie konzentrierte sich auch auf die kleinen Erfolge auf ihrem Weg, wie das erfolgreiche Ausfüllen einer Bewerbung oder ein positives Gespräch mit einem potenziellen Arbeitgeber. Sie begann, ihren Selbstwert in diesem Prozess zu wiederzufinden.

Indem sie sich realistischere Erwartungen setzte, konnte Jane ihre Gefühle besser kontrollieren. Sie war nun nicht mehr so enttäuscht, wenn etwas nicht klappte und konnte sich selbst motivieren, um ihre Suche nach einem neuen Job fortzusetzen. Schließlich wurde sie in einem neuen Unternehmen in einer Position eingestellt, die gut zu ihr zu passen schien, so dass sie endlich ein neues Kapitel in ihrem Leben beginnen konnte.

Wenn die Veränderung an die Tür klopft, müssen wir uns realistische Erwartungen setzen. Indem wir uns erreichbare Ziele setzen, können wir sicher durch die stürmischen Gewässer des Wandels navigieren und die Klippen meiden, an denen Versagen, Enttäuschung und ein geringes Selbstwertgefühl warten. Mit einer realistischen Perspektive können wir dem Wandel entschlossen entgegentreten und als Gewinner daraus hervorgehen. Janes Geschichte zeigt, wie wichtig es ist, sich keine übertriebenen Hoffnungen zu machen und stattdessen mit einer ausgewogenen Perspektive an die Situation heranzugehen. Indem wir uns kleine, erreichbare Ziele setzen und uns auf die kleinen Etappensiege auf dem Weg konzentrieren, können wir den Wandel besser meistern und einen Weg beschreiten, der für uns funktioniert.

Veränderung am Arbeitsplatz: Mit Widerständen richtig umgehen

Die Bewältigung von Widerständen gegen Veränderungen ist ein wichtiger Aspekt bei der Führung und Umsetzung von Veränderungen in Unternehmen wie auch bei Einzelnen. Widerstand gegen Veränderungen kann von verschiedenen Seiten kommen, z. B. von Mitarbeitern, Kunden oder Partnern und er kann sich in vielen Formen äußern, z. B. in Skepsis, Angst und Apathie. Um Veränderungen erfolgreich umzusetzen und die gewünschten Ziele und Ergebnisse zu erreichen, ist es elementar, den Widerstand gegen Veränderungen zu verstehen und zu überwinden.

Eine Möglichkeit, mit dem Widerstand gegen Veränderungen umzugehen, besteht darin, zunächst die Gründe für den Widerstand zu verstehen und zu beseitigen. Menschen können sich aus einer Vielzahl von Gründen gegen Veränderungen wehren, z. B. aus Angst vor dem Unbekannten, aus mangelndem Vertrauen in die Führung oder aus dem Gefühl heraus, dass sich die Veränderung negativ auf ihren Job oder ihr Privatleben auswirken wird. Wenn du die Ursachen für den Widerstand verstehst, kannst du sie direkt ansprechen und beseitigen und die Ängste, die sich entwickelt haben, ausräumen.

Ein weiterer wichtiger Aspekt bei der Bewältigung von Widerständen gegen Veränderungen ist die Kommunikation. Eine klare, konsequente und transparente Kommunikation ist nötig, um Bedenken auszuräumen. Es ist wichtig, alle Interessengruppen in den Veränderungsprozess einzubeziehen, indem man sie um Feedback bittet und auf ihre Bedenken eingeht. Wie in den vorangegangenen Abschnitten beschrieben, trägt die Einbeziehung dieser Interessengruppen dazu bei, dass sie sich stärker beteiligt fühlen und letztlich weniger Widerstand leisten.

Die Einbindung der Beschäftigten in den Wandel bietet den Führungskräften auch die Möglichkeit, die potenziellen Herausforderungen und Chancen aus einer anderen Perspektive zu betrachten. Durch die Einbeziehung der Beschäftigten können die Führungskräfte auch mögliche Hindernisse erkennen und angehen, die während des Umsetzungsprozesses auftauchen und die sie bislang übersehen haben. Führungskräfte neigen dazu, das Gesamtbild zu betrachten, während die Beschäftigten eher die unmittelbaren Auswirkungen im Blick haben.

Eine weitere Möglichkeit, mit dem Widerstand gegen Veränderungen umzugehen, ist die Bereitstellung von Schulungen und mentaler Unterstützung. Veränderungen können schwierig sein, und die Menschen brauchen oft zusätzliche Unterstützung, um sich an neue Prozesse, Verfahren oder Technologien zu gewöhnen. Schulungen und zusätzliche Unterstützung können dazu beitragen, Ängste und Bedenken zu zerstreuen und gleichzeitig das Vertrauen in die Veränderung und ihre Ergebnisse zu stärken.

Führungskräfte können auch mit dem Widerstand gegen Veränderungen umgehen, indem sie flexibel und offen für Feedback sind. Veränderungen können schwierig sein, und es ist wichtig, offen für Feedback zu sein und den Plan bei Bedarf anzupassen. Flexibilität und Offenheit für Feedback können dazu beitragen, Vertrauen und Zustimmung bei den Beteiligten zu schaffen, was letztlich die Chancen auf eine erfolgreiche Umsetzung der Veränderungen erhöht.

Zur Bewältigung des Widerstands gegen Veränderungen gehört auch die Auseinandersetzung mit der emotionalen Seite. Hierbei kommt es darauf an, sich der emotionalen Auswirkungen bewusst zu sein, die Veränderungen auf Menschen haben können. Mitfühlend und verständnisvoll zu reagieren und die Menschen zu unterstützen, die mit der Veränderung zu kämpfen haben, ist hierbei das A und O.

Eine Kultur des Wandels erschaffen und initiieren

Die Schaffung einer solchen Kultur des Wandels ist entscheidend für Unternehmen, die wettbewerbsfähig sein und sich an die sich ständig verändernde Geschäftswelt anpassen wollen. Dies sich auf die allgemeine Einstellung und Mentalität innerhalb einer Organisation, Veränderungen anzunehmen und umzusetzen. Sie zeichnet sich durch die Bereitschaft aus, sich anzupassen, neue Dinge auszuprobieren und sich ständig zu verbessern. Eine Kultur des Wandels bedeutet ein Umfeld zu haben, in dem Einzelne und Teams sich mit Veränderungen wohlfühlen und diese sogar als Voraussetzung für eine ordnungsgemäße und angemessene Geschäftstätigkeit akzeptieren. Es ist eine Kultur, die Innovation, Anpassungsfähigkeit und kontinuierliche Verbesserung fördert.

Ein wichtiger Aspekt bei der Schaffung einer Kultur des Wandels ist eine klare Vision und Strategie für den Wandel. Dazu gehört es, klare Ziele zu setzen, die Schritte zu ihrer Verwirklichung zu skizzieren und sie allen Beteiligten wirksam mitzuteilen. Eine klare Vision und Strategie gewährleistet, dass alle auf die gleichen Ziele hinarbeiten und dass der Wandel mit dem Auftrag, der Vision und den Werten der Organisation übereinstimmt.

Auch die Führung spielt eine entscheidende Rolle bei der Schaffung einer Kultur des Wandels. Führungskräfte müssen mit gutem Beispiel vorangehen und selbst bereit sein, sich zu verändern. Außerdem sollten sie transparent und authentisch kommunizieren und ein offenes und inklusives Umfeld schaffen, in dem sich die Mitarbeiter wohl fühlen, wenn sie ihre Gedanken und Ideen mitteilen.

Laut einer Studie von KPMG haben Unternehmen mit einer Kultur des Wandels eine fünfmal höhere Wahrscheinlichkeit, bei ihrer digitalen Transformation erfolgreich zu sein. Das liegt daran, dass eine Kultur des Wandels es Unternehmen ermöglicht, schnell und effektiv auf neue Technologien, Veränderungen im technologischen Fortschritt und Markttrends zu reagieren. Somit ist es wahrscheinlicher, dass diese Unternehmen auch engagierte und motivierte Mitarbeiter haben, was zu einer höheren Produktivität und Arbeitszufriedenheit führt.

Zur Schaffung einer Kultur des Wandels gehören eine klare Vision und Strategie für den Wandel, die Einbeziehung der Beschäftigten in den Veränderungsprozess, eine starke Führung, kontinuierliche Weiterbildung und Unterstützung,

Anerkennung und Belohnung der Beschäftigten sowie Flexibilität und Offenheit für Feedback.

Die Rolle der Führungskräfte

Die Führung spielt eine entscheidende Rolle bei der Bewältigung des Wandels am Arbeitsplatz. Eine Führungskraft ist am besten dafür geeignet, in diesen Zeiten voranzugehen, wenn sie effektiv kommunizieren, zusammenarbeiten und Vertrauen und Beziehung zu den Teammitgliedern aufbauen kann. Laut einer Studie von McKinsey & Company erreichen 75 % der Veränderungsinitiativen ihre Ziele nicht, und einer der Hauptgründe dafür ist ein Mangel an effektiver und angemessener Führung. Um während des Wandels effektiv anleiten zu können, müssen Führungskräfte eine Kombination aus spezifischen Fähigkeiten und Eigenschaften für die Bewältigung des Wandels entwickeln.

Flexible Führungskräfte sind dabei unabdingbar. Diese Führungspersönlichkeiten inspirieren und motivieren ihre Mitarbeiter, den Wandel nicht nur zu akzeptieren, sondern auch die Verantwortung dafür zu übernehmen, diesen voranzutreiben. Sie schaffen ein Gefühl für eine gemeinsame Vision und ein gemeinsames Ziel und befähigen andere, selbst zu Führungskräften innerhalb ihres Teams und ihrer Abteilung zu werden. So entsteht eine Kultur, in der die Mitarbeiter die Veränderungsinitiative eher annehmen und unterstützen, als dass sie dagegen rebellieren, was sich positiv auf das gesamte Unternehmen auswirkt. Derartige Führungskräfte sind außerdem in der Lage, ein Gefühl der Gemeinschaft und Zugehörigkeit innerhalb ihres Teams zu schaffen.

Ein weiterer wichtiger Aspekt der Führung in Zeiten des Wandels ist die emotionale Intelligenz (EQ). Führungskräfte mit hoherm EQ sind in der Lage, ihre eigenen Emotionen und die Emotionen anderer effektiv zu steuern. Sie sind in der Lage, sich in ihre Mitarbeiter einzufühlen und zu verstehen, welche Auswirkungen der Wandel auf sie hat. Das fördert das Vertrauen und verbessert die Kommunikation und Zusammenarbeit während des Veränderungsprozesses. Außerdem sind Führungskräfte mit einem hohen EQ in der Lage, ein positives Arbeitsumfeld zu schaffen, was dazu beitragen kann, den Widerstand gegen Veränderungen zu verringern.

Führungskräfte, die strategisch denken können, sind bei Veränderungen ebenfalls wichtig. Sie sind in der Lage, potenzielle Chancen und Herausforderungen zu erkennen und zu analysieren und einen Plan zu entwickeln, um sie zu meistern. So können sie mögliche Hindernisse vorhersehen und proaktiv darauf reagieren. Zudem sind strategisch denkende Führungskräfte in der Lage, die Veränderungsinitiative mit den allgemeinen Zielen der Organisation in Einklang zu bringen, was zum Erfolg beiträgt.

Covid-19 als Katalysator des Wandels

Die Covid-19-Pandemie hat sowohl unser privates als auch unser berufliches Leben in nie dagewesener Weise verändert. Die plötzliche Verlagerung der Arbeit ins Home-Office, Social Distancing und die zahlreichen Lockdowns weltweit haben Einzelne und Organisationen dazu gezwungen, sich an neue Lebens- und Arbeitsweisen anzupassen.

Was die persönlichen Veränderungen angeht, so hat die Pandemie bei vielen Menschen zu erhöhtem Stress und Angstzuständen geführt. Eine von der American Psychological Association durchgeführte Umfrage ergab, dass 63 % der Erwachsenen angaben, dass sich die Pandemie negativ auf ihre psychische Gesundheit ausgewirkt hat.[5] Außerdem hat die Pandemie zu veränderten Tagesabläufen, sozialer Isolation und finanzieller Unsicherheit geführt, da viele Menschen entlassen wurden oder aufgrund der veränderten Vorschriften weniger arbeiten mussten.

In der Arbeitswelt hat die Pandemie den Trend zur Heimarbeit noch beschleunigt. Vor der Pandemie boten nur wenige Unternehmen permanentes Home Office oder sogar ein Hybridmodell an. Eine von Gartner durchgeführte Umfrage ergab jedoch, dass 41% der Beschäftigten planen, nach der Pandemie dauerhaft auf Heimarbeit umzusteigen. Dieser Wandel hat zu Veränderungen bei den Kommunikations- und Kooperationsmethoden geführt und erfordert neue Technologien und Infrastrukturen.

Die Pandemie hat auch zu Veränderungen im Verbraucherverhalten und in den Geschäftsabläufen geführt. Eine von McKinsey durchgeführte Umfrage ergab, dass sich das Verbraucherverhalten in Richtung Online-Shopping und kontaktloses Bezahlen verschoben hat. Dies hat zu einem beschleunigten Wachstum des elektronischen Handels und einer Verlagerung zu digitalem Marketing geführt.

---

5 American Psychological Association. (2020). Stress in America: Coping with Change. Quelle: https://www.apa.org/research/action/speaking-of-psychology/coping-change

Darüber hinaus mussten viele Unternehmen neue Sicherheitsprotokolle einführen und Wege finden, den Betrieb aufrechtzuerhalten, obwohl die Lieferkette unterbrochen wurde und die Nachfrage zurückging.

Die Covid-19-Pandemie war eine wichtige Lektion für Führungskräfte und Einzelne in Bezug auf die Bedeutung von Anpassungsfähigkeit und der Fähigkeit, Veränderungen plötzlich und ohne Plan zu bewältigen. Jeder Einzelne war gefordert, schnell umzuschalten und schwierige Entscheidungen zu treffen.

Eine der wichtigsten Veränderungen, die die Pandemie mit sich brachte, war die Notwendigkeit eines effektiven Krisenmanagements. Krisenmanagement bedeutet, sich auf eine Krise vorzubereiten, auf sie zu reagieren und sich von ihr zu erholen. Es ist eine entscheidende Fähigkeit, die sowohl für Organisationen als auch für Einzelne in Zeiten der Unsicherheit und des Wandels unerlässlich ist.

Jetzt, da die Auswirkungen von Covid-19 auf die Gesellschaft etwas abgeklungen sind, bestimmen neue Herausforderungen unsere täglichen Nachrichten. Stichworte sind hier: die Inflation, der Krieg in der Ukraine, die Bewältigung der dauerhaften Auswirkungen einer Eskalation, Klimawandel, Generationen-Lücke, Immigration und vieles mehr .....

All das zeigt uns, dass sich unser Umfeld ständig verändert, und es gibt ständig andere - ebenso wichtige - Themen, die uns erneut auf die Probe stellen und uns wahrscheinlich in den kommenden Jahren begleiten werden.

Wo wir hinwollen

Unsere Welt verändert sich so rasant, dass wir uns stets auf erwartete wie unerwartete Veränderungen einstellen müssen. Die Technologie entwickelt sich so schnell wie nie zuvor, und unsere Bedingungen ändern sich täglich. Wir müssen lernen, den Wandel so anzunehmen, dass wir uns selbst und unseren Weg nicht verlieren. Wir müssen das proaktiv tun, die Vergangenheit hinter uns lassen, den Blick nach vorne richten und im Hier und Jetzt voll leben.

Auch wenn das leichter gesagt als getan ist, sollten wir all unsere Sinne und vor allem unsere Intuition nutzen , die uns bei diesen Veränderungen helfen.

Niemand kann vorhersagen, was morgen auf uns zukommt. Deshalb können wir uns entweder mit dem Stress und der Angst vor dem Unbekannten beschäftigen oder uns an eine sich ständig verändernde Gegebenheit anpassen, in der das Unerwartete und Ungewisse für immer außerhalb unserer Kontrolle liegen wird. Warum sollten wir zulassen, dass unser Leben von Dingen bestimmt wird, die wir nicht kontrollieren können?

Stattdessen können wir unsere Emotionen, Gefühle und Handlungen selbst in die Hand nehmen, denn all liegt in unserer Macht.

Mit einer solchen Einstellung sind wir auf jede Art von Veränderung vorbereitet, sei es privat, beruflich oder eine Mischung aus beidem. Wir werden auf den Verlust des

Arbeitsplatzes, finanzielle Belastungen, Umstrukturierungen, familiäre Probleme und vieles mehr vorbereitet sein. Wir werden für alles gewappnet sein, wenn wir uns nur auf das konzentrieren, was wir beherrschen können.

Den Rest müssen wir dem Universum überlassen.

SCHLUSSFOLGERUNG

Meine Geschichte soll dich motivieren. Ich möchte nicht, dass du wegen einer schlechten Nachricht oder eines negativen Moments deinen Traum aufgibst, an den du so lange geglaubt hast. Alles, was ein Mensch erlebt, ist der Stoff für seine Geschichte. Eine Geschichte, die ein anderer Mensch nacherzählen und aus der er als lebendiges Beispiel lernen kann. Diese wahren Lebensgeschichten sollen dazu dienen die Menschen zu inspirieren und persönlich zu wachsen zu lassen.

Es liegt an uns, die Möglichkeiten dieser Welt zu nutzen und die Klippen gekonnt zu umschiffen. Wir sind voller Kraft und Leidenschaft. Eine Beziehung, die nicht funktioniert, bestimmt nicht unsere Persönlichkeit. Kollegen und Chefs am Arbeitsplatz sind sowohl Antrieb, Schranke als auch Brücke, über die wir gehen müssen, um unser Ziel zu erreichen.

Nicht jeder wird dich mögen, aber auch nicht jeder wird dich hassen. Nicht jeder wird dich an der Spitze sehen wollen, während anderen alles gleichgültig ist. Viele Dinge können in deinem Leben schief laufen, aber lass deshalb nicht gleich alle Hoffnung fahren, nur weil sich ein Problem offenbart.

Meine Geschichte von Aufstieg, Fall und dem Weg zurück hat mich dazu inspiriert, durch das Schreiben etwas zurückzugeben, um dich auf eine Art und Weise zu unterstützen, die auf persönliches Wachstum und Entwicklung ausgerichtet ist. Ich kann dir versichern, dass am Ende des Weges die Belohnung wartet.

Ich fühle mich nun entspannter und erfüllter, da ich die Dinge tue, die ich jetzt gewählt habe. Ich bin keineswegs perfekt, aber die Reise durch das Leben hat mich so viel gelehrt, dass ich all das mit anderen teilen möchte.

Hoffnungsvoll möchte ich dir folgendes Zitat mit auf den Weg geben:

„Limitiere dich nicht wegen der Situation um dich herum, sondern setze dich durch. Schreibe deine eigene Geschichte um und kreiere etwas besonders Positives, was den Menschen Motivation und Optimismus verleiht. Du bist der Autor deiner Erfolgsgeschichte - du musst nur anfangen, sie zu schreiben!“

Anmerkung des Autors

Falls dir dieses Buch gefallen hat und du mehr über andere Themen erfahren willst, die mein Leben verändert haben, schaue dir doch bitte meine neuen Bücher auf Amazon oder auf meiner Website an: www.my-mindguide.com.

Bleiben wir über die auch sozialen Medien in Verbindung! Bitte hinterlasse eine Nachricht auf Facebook oder Instagram und sei gespannt auf Updates!

Gerne kannst du mir deine Gedanken auch direkt mitteilen: gassner@my-mindguide.com. Im Gegenzug bekommst du eine wunderschöne Infografik, die du ausschneiden und einrahmen kannst.

Bitte hinterlasse eine Rezension auf Amazon, da dies dazu beitragen kann, ein noch breiteres Publikum zu erreichen. Vielen Dank für deine Zeit, deine Geduld und deinen unersättlichen Wissenshunger!

Ich möchte mich bei meinen Kollegen, Kunden, Freunden und Familienmitgliedern bedanken, die alle zu dem beigetragen haben, was ich jetzt bin.

Ich möchte auch Gabriel Palacios danken, einem Schweizer Bestsellerautor, dem König der Hypnotherapie. Er brachte einem alten Fuchs neue Tricks bei und ließ mich tief in das Mysterium der Hypnotherapie eintauchen. Ich habe auf dieser Reise so viel gelernt, dass ich nun selbst zertifizierter Master-Hypnose-Coach und Konversationscoach bin!

Außerdem möchte ich mich bei den fantastischen Lehrern von SAMYANA/Bali bedanken, die mich zum zertifizierten Yoga- und Meditationslehrer ausgebildet haben.

Nicht zuletzt gilt mein besonderer Dank meinem Lehrmeister Eckhard Wunderle, der mir wie ein Heiliger am Herzen liegt. Er führte mich in die Welt der Meditation ein und ließ mich all die Wunder entdecken, welche diese zu bieten hat. Ich könnte nicht stolzer sein, meine Zertifizierung als Meditationslehrer direkt von ihm als Inhaber des Institutes für spirituelle Psychologie erhalten zu haben.

Frieden, Liebe und Glück euch allen – bis zum nächsten Mal!

AUTOREN - PORTRAIT

Kurt Friedrich Gassner ist ein österreichischer Selbsthilfeautor, der seine Leser dazu befähigt, die Feinheiten des Unterbewusstseins besser zu verstehen. Durch seine Erfahrungen und sein umfangreiches Wissen in der modernen Psychologie hilft er seinen Lesern, ihr volles Potenzial zu entfalten. Was damit begann, dass er im Alter von vierzehn Jahren für Gleichaltrige im Austausch für Zeichnungen schrieb und später als professioneller Werbetexter arbeitete, führte ihn schließlich in die Position des Kreativdirektors mehrerer internationaler Agenturen und zum Schreiben zahlreicher Selbsthilfebücher.

Das Schreiben ist jedoch nicht die einzige Leidenschaft dieses Unternehmergeistes. Kurt ist auch Seriengründer (*My Mind Guide* und *Trendguide Capital*, um nur einige zu nennen) Business Angel und verfügt über vier Jahrzehnte Erfahrung in der globalen Werbe- und Markenberatungsbranche. So hat er zahlreiche Auszeichnungen in den Bereichen Kreativregie, Direktmarketing und Training erhalten. Während des globalen Lockdowns nutzte er seine freie Zeit, um sich in Hypnotherapie zu vertiefen und ist jetzt ein lizenzierter Hypnotherapeut, Yogalehrer und Meditationslehrer.

Wenn er nicht gerade seine Geschäfte führt, Führungskräfte berät oder über das Unterbewusstsein schreibt, kann man den Weltenbummler auf Weltreisen, beim Golfen, Radfahren in den

Alpen, in der Oper oder beim Wandern antreffen. Außerdem ist er stolzer Vater zweier erfolgreicher Kinder. Zurzeit verbringt er seine Zeit zwischen München und Kirchberg in Österreich.

In seinem Leben mit unzähligen Höhen und Tiefen hat Kurt Friedrich Gassner unnachgiebig nach folgendem Motto gelebt: *„Hör niemals auf! Das Beste kommt erst noch...“*. Durch seine unerschütterliche Entschlossenheit und Beharrlichkeit hat er ein Leben in persönlichem Wohlstand geführt und dabei zahllose unschätzbare Lektionen gelernt. Für ihn ist ein Leben, in dem er sein Wissen nicht mit anderen teilt, kein erfülltes Leben. Deshalb schreibt er Bücher, um etwas zurückzugeben und die Welt zu einem besseren Ort zu machen, als er sie betreten hat. Einige seiner Veröffentlichungen sind *Die Kunst der Vergebung, Lügen, Lügner..., Seelen-Verwandt, Vergiftetes Sein - Epigenetik? und Die Kraft des Unterbewußtseins....* Im Alter von dreißig Jahren schrieb er einen Kinderbuch-Bestseller, der sich über eine Million Mal verkaufte.

Besuche Kurts offizielle Website, um mehr über seine innere Kraft zu erfahren: www.my-mindguide.com

SELF-EMPOWERMENT BOOKS

SELF-EMPOWERMENT BOOKS

SELF-EMPOWERMENT BOOKS

SELF-EMPOWERMENT BOOKS

SELF-EMPOWERMENT BOOKS

SELF-EMPOWERMENT BOOKS

SELF-EMPOWERMENT BOOKS

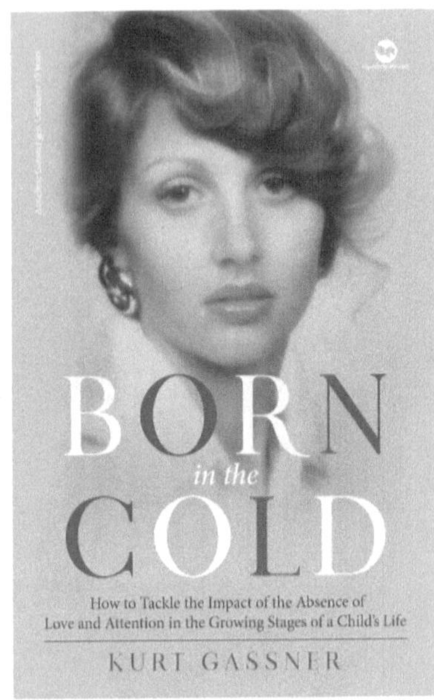

CHILDREN BOOKS

SELF-EMPOWERMENT BOOKS

SELF-EMPOWERMENT BOOKS

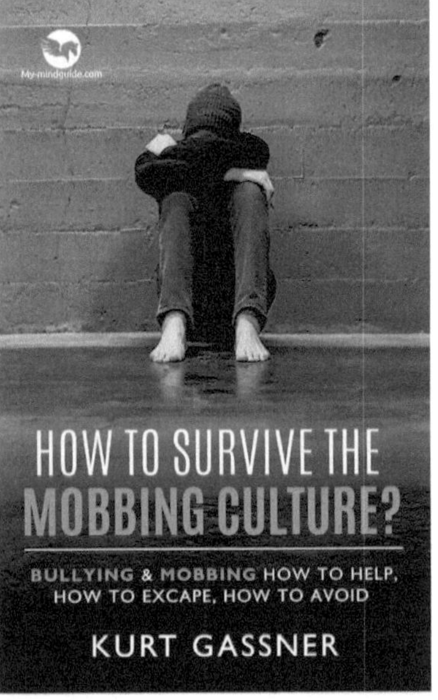

SELF-EMPOWERMENT BOOKS

MINDFUL BUSINESS BOOKS

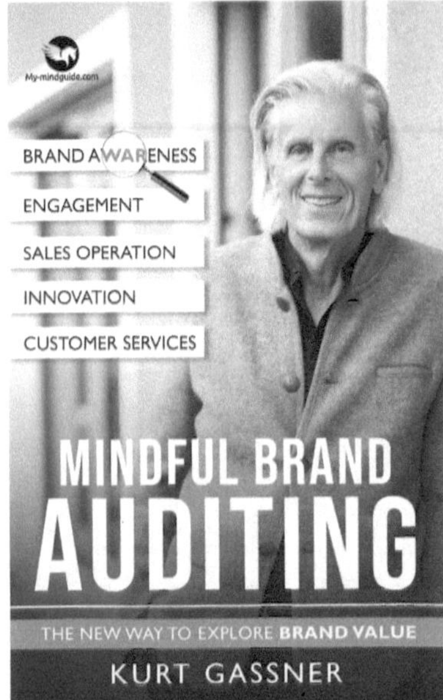

MINDFUL BUSINESS BOOKS

MINDFUL BUSINESS BOOKS

MINDFUL BUSINESS BOOKS

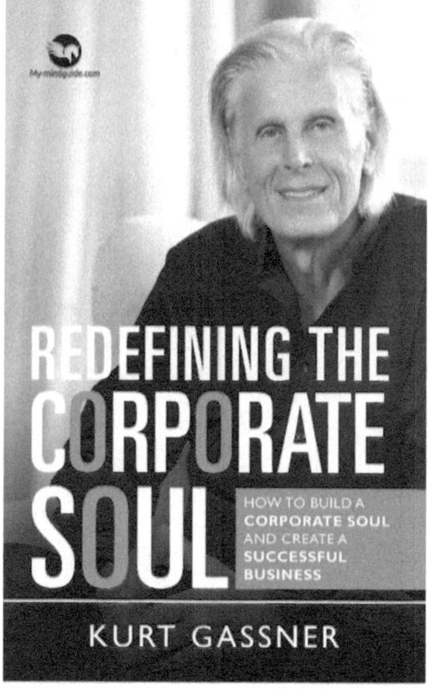

BESTSELLING AUTHOR OF
The Art Of
FORGIVNESS
AMAZON #1 BESTSELLER
My-mindguide.com
A practical guide for self healing and overcome past traumas
The Art Of
FORGIVNESS
KURT GASSNER
The Art Of
FORGIVNESS
KURT GASSNER

You Can reach Author's Wikipedia

www.ingramcontent.com/pod-product-compliance
Lightning Source LLC
LaVergne TN
LVHW091251190726
843491LV00001B/217

* 9 7 8 3 9 4 9 9 7 8 3 9 5 *